면(麵) 이야기

차례
Contents

면(麵, 국수)의 역사와 기원

전통적으로 면(麵) 요리를 즐겨온 지역은 중국을 중심으로 동아시아권역 그리고 이탈리아와 중동, 북아프리카에 걸친 이슬람권으로 한정된다. 이렇게 넓은 지역이 하나의 기원을 갖고 있는지 아니면 저마다의 독립적인 기원을 지니고 있는지는 쉽게 단정 지을 수 없다. 고고학자들의 발표에 의하면 국수는 인류 최초의 문명이 발생한 메소포타미아 문명에서 탄생한 것으로 본다. 1만 년 전 현재의 시리아와 아프가니스탄 북부 지역인 중동 지방에서 시작되었으며 이 지역의 비옥했던 재배 환경은 풍부한 양의 곡물을 생산할 수 있었고 대표적인 작물은 밀이었다. 이는 사람들이 곡물을 사용하여 국수를 만들게 된 계기가 되었다. 중앙아시아를 중심으로 서쪽인 유럽에서는 밀을 빵으로, 동쪽인 아시아권에서는 국수로 개량하기 시작한 것이다.

이렇게 만들어진 국수는 실크로드를 통해 아시아로 깊숙이 전파되었다. 실크로드는 문화를 교역하는 것을 뛰어넘어 다양한 요리 문화가 전파되는 중요한 공간이었다. 실크로드의 상인들은 이곳에서 세계 각지의 외국 무역상들과 만나 다른 문화들과 접촉하였으며 요리법을 교환했다. 이후 중국과 한국, 일본으로 빠르게 퍼져 나갔으며 동남아시아의 여러 국가에도 영향을 끼쳤다. 이렇게 전해진 국수는 각 나라의 입맛에 맞게 각기 다른 형태로 조리법이 바뀌었으며 독특한 형태로 발전하였다.

제각기 다른 모양을 가지고 있는 국수, 이러한 면은 만드는 방법에 따라서 다양하게 구분한다. 먼저 밀가루 반죽을 길게 늘여서 벌린 막대기에 감아 당긴 후 만들어내는 소면(素麵) 계열(일본과 한국의 소면, 중국의 선면), 반죽을 작은 통 사이에 넣고 눌러 뽑아내는 압면(押麵) 계열(한국의 냉면, 중국의 하수면), 반죽을 얇고 넓게 민 뒤 칼로 썰어서 만드는 절면(切麵) 계열(한국의 칼국수, 일본의 우동), 반죽을 양쪽으로 길게 늘여서 만드는 납면(拉麵) 계열(일본의 라면, 중국의 납면), 마지막으로 쌀을 갈아서 찌거나 삶은 후 칼로 가늘게 썰어 만드는 하분(河粉) 계열(동남아 쌀국수) 등으로

시중에서 판매되는 다양한 면

구분할 수 있다.

이처럼 싸고 맛있는 국수 음식은 세계적으로 주목을 받고 있다. 이탈리아에서 출현한 파스타가 오늘날 세계 각국에서 사랑을 받는 것처럼 근세 이후 화교들의 진출 덕분에 아시아를 중심으로 한 동남아시아 각국에 국수 음식이 침투되었다. 이후 일본에서 개발한 인스턴트 라면이 세계적으로 급속히 보급되면서 동양의 면은 지금까지 세계인들의 입맛을 사로잡고 있다.

중국의 면 – 병(餅)

중국은 한대(漢代)에 밀이 전파되었다. 밀로 만든 가루를 면이라 불렀고, 면으로 만든 음식을 통틀어 병(餅)이라 하였다. 고대 중국에서는 북부 지방을 중심으로 분식(粉食)이 발전하였다. 중국의 분식은 본디 병과 이(餌: 먹이 이)로 나누어지고, 밀가루를 원료로 하는 것을 병, 그 외 곡류(조, 기장, 수수, 콩 등)로 만든 것을 이라고 불렀다.

이러한 병은 조리법에 따라 삶거나 끓인 것, 찜통으로 쪄낸 것, 직화로 구운 것, 기름에 튀긴 것, 피(皮) 모양으로 가공한 것과 같이 다양한 모양을 가지고 있으며 송나라(960~1279) 때 와서 오늘날과 같은 국수류 음식의 체계가 갖추어진다. 보통 중국에서는 국수에 간수를 넣어 면발을 발색시키는데 간수의 알칼리성 때문에 밀가루에 포함된 플라보노이드계 색소가 노란색으로 발색되어 글루텐의 점탄성이 늘어나 매끈하고 쫄깃한 면이 만들어진다. 면의 조리방법이 점차 발달하면서 반죽을 양 손으로 면판(麵板) 위에 치고 잡아당기면서 면발을 가늘고 길 게 뽑아내는 기술도 생겨났다. 이러한 면발을 화북 지방에서는 라면(La-mien), 화남 지방에서는 타면(打麵, ting-mien)이라 불렀다.

특히 수나라~당나라 시대의 대운하 건설 덕분에 화북 지방 의 식생활이 풍요로워졌고 물레방아의 사용으로 제분의 대량 생산이 가능해졌다. 이처럼 대량생산으로 만들어진 가루들은 누들과 전병, 빵 등 다양한 요리에 활용하였다.

이후 중국의 면 문화는 중국을 넘어 동아시아 전역으로 전 해지게 된다. 면을 즐겨 찾는 습관은 한국과 일본, 베트남 등 그 국가의 젓가락 문화에서 공통점을 찾아볼 수 있다. 손으로 음식을 먹는 몽골에서조차 국수를 먹을 때는 젓가락을 사용할 정도로 젓가락은 국수를 애용하는 식습관과 밀접한 관련이 있 다. 지금 중국에 존재하는 국수는 크게 여섯 종류로 나누어지 는데 뜨거운 국물에 삶은 국수를 넣은 탕면(湯麵), 다양한 재료 와 함께 볶은 초면(炒麵), 다양한 재료를 넣어 버무린 반면(伴麵), 차가운 소스로 버무린 양반면(凉伴麵), 국물에 넣어 끓이는 외 면(煨麵), 국수를 삶거나 쪄서 기름에 튀긴 작면(炸麵)이 대표적 이다.

한국 면의 기원

한국에서 면의 기원은 정확하게 알 순 없으나 예부터 면보다는 '국수'라는 표현으로 많이 사용되었다. 국수라는 표현을 사용하는 것에 있어 『옹희잡지(雍熙雜誌)』에서는 '건(乾)한 것은 병이라 하여 시루에 쪘으며 습한 것은 면이라 하여 끓는 물에 삶거나 물에 담근다'고 기술되어 있으며 일부에서는 '바로 뽑아 낸 면을 물에 담갔다가 손으로 건진다' '밀가루인 면을 국물에 담가서 먹는다'고 적고 있지만 실제 이러한 추측들의 정확한 관계는 알 수 없다.

한국에서 면에 대한 기록은 고려 시대 송나라 사신의 여행기인 『고려도경(高麗圖經, 1123년)』에서 찾아볼 수 있다. '고려인들은 제례 때 면을 사용하고 사원에서 면을 만들어 판다'고 기록되어 있으며 이를 통해 당시 면 요리가 고려인들의 식생활에 널리 퍼져 있었음을 알 수 있다. 조선 시대에 면에 관한 기록이 처음 등장한 것은 『세종실록(世宗實錄)』이다. 수륙재(水陸齋, 물과 육지에서 헤매는 외로운 영혼을 위로하기 위해 불법을 강설하고 음식을 베푸는 의식) 때 공양 음식으로 면을 올리고 있다는 내용인데 이 면의 재료는 메밀로 추정된다. 특히 『음식디미방(飮食知味方)』에는 다양한 종류의 면 요리가 소개되어 있는데 밀가루 국수가 아닌 메밀국수, 녹말국수 등이 성행하였다는 내용을 통해 당시 밀이 대단히 귀한 음식재료였음을 알 수 있다.

한반도는 쌀농사에 적합한 기후조건을 가지고 있기 때문에 예부터 밀은 귀한 음식재료였다. 삼국 시대 때부터 밀은 중국에서 수입하였으며 그 때문에 궁중이나 귀족층의 잔치에는 밀로 반죽해서 만든 국수가 사용되었다. 이러한 전통이 지금까지 내려와 잔칫날이나 결혼식을 올린다는 의미로 '국수 먹는다'는 표현을 심심찮게 볼 수 있다. 특히 조선 영조 6년(1730), 윤유가 평양풍토의 기록인 『평양지(平壤志)』를 보완해서 펴낸 『평양속지(平壤續志)』에는 놀랍게도 흙으로 빚는 '흙 국수'가 등장할 정도로 국수는 귀한 대접을 받았다. 당시 사정이 그러했기 때문에 대부분 국수는 메밀과 녹말로 만들어졌다. 또한 세종대왕도 메밀면을 즐겨 먹었는데 궁중으로 진공(進供)하는 메밀이 부족해 경기도, 강원도, 충청도에 메밀 205섬을 더 할당하기도 하였다.

한국에 전파된 면을 뽑는 방법은 세 가지로 분류된다. 먼저 국수 틀을 사용하여 면발을 뽑아내는 방법, 두 번째는 면본(구멍이 뚫린 바가지)에 반죽을 밀어 넣어 뽑아내는 방법, 그리고 마지막으로 반죽을 밀대로 밀어 길게 썰어내는 방법이다. 이렇게 만들어진 면들은 각각의 맛에 따라 다른 국물과 함께하게 된다.

평안도와 함경도 지방은 주로 메밀국수를 즐겼으며 경기 지방은 녹두나 전분을 사용한 국수, 그리고 충청 이남 지역에서는 밀을 사용한 국수가 발달하였다. 그중에서도 평안도와 함경도 지방에서는 남쪽 지방과 달리 독특한 면들이 나타났는데 가장 대표적인 것이 바로 '냉면'이다. 생선회에 면을 넣어 먹기 시작한 함흥냉면과 꿩을 삶은 물에 면발을 넣어 만든 평양냉면은 우리나라를 대표하는 면 요리로 발전하였다. 남쪽 지방을 중심으로는 칼국수가 나타났는데 산간 지방에서는 멸치 육수를 사용하고 농촌에서는 닭 육수로, 해안지역에는 조개류를 넣어 만드는 특징이 있다.

일본의 면

일본에는 나라 시대와 헤이안 시대를 거치면서 중국의 당과자(唐菓子)가 전해졌다. 홍법 대사가 당에서 밀과 우동 제조법을 가지고 오면서부터 일본인들의 밀가루에 대한 새로운 인식이 싹트게 되었는데 이는 분식가공이 급속도로 발달할 수 있는 계기가 되었다. 우동과 함께 일본을 대표하는 면인 소바(蕎麥, そば)는 무로마치 시대에 등장하여 매운 무즙과 함께 먹었다고 전해진다. 소바가 발달하기 전에는 소바 가루에 뜨거운 물을 넣어 반죽한 소바가키(蕎麦搔き, そばがき)가 성행하였다.

가마쿠라 중기부터 논의 뒷갈로 밀 재배가 시작되어 밀가루를 구하기 쉬워지고, 이후 찌고 굽고 기름에 튀기는 기술이 전해지면서 일본의 음식 문화는 크게 바뀐다. 처음에는 손으로 잡아당겨 늘이는 소면이 유행하다가 14세기 이후 절면(絶麵)이 등장하게 된다. 간사이(關西) 지방에서는 우동이 발전하고 간토(關

일본 우동

9

東) 지방에서는 소바가 발전하면서 일본의 면 요리를 이끌어 나가게 된다. 에도 시대에는 시코쿠(四國) 지방을 중심으로 면발이 연하고 야들야들한 우동이 발달하게 되는데 이는 훗날 사누끼 우동의 시초가 된다.

일본의 면 문화는 관동과 관서로 뚜렷하게 구분되어 있다. 보통 관서 지방은 우동, 관동 지방은 소바로 대표되는데 이렇게 분식 문화가 발달한 것은 일본의 '분식 장려 운동' 덕분이다. 상대적으로 쌀의 생산이 부족했던 일본은 쌀에 다양한 종류의 곡류를 섞어 떡이나 소바를 만들었는데 이를 통해 소바는 대표적인 서민 음식 중 하나로 자리를 잡게 되었다.

동남아시아의 면

서양과 비교해 볼 때 비교적 짧은 역사를 지니고 있는 동남아시아의 면 문화는 19세기에 이주한 화교가 절면과 압출면 기술을 전한 이후 빠른 속도로 전 세계에 전파되고 있다. 중국에서 퍼져 나간 면 문화지만 중국의 출신지에 따라 국수의 종류가 달라지는데 오키나와는 푸젠성(福建省), 태국과 베트남은 차오저우성(Chaou, 潮州), 말레이시아와 싱가포르는 푸젠과 광둥 지방의 영향을 받았다. 뜨끈한 육수에 면발을 담아내는 음식 문화가 발달한 동남아시아의 면 요리는 국물이 뜨거우므로 얇고 긴 젓가락을 사용하는 것이 특징이다. 또한 밀이 생산되지 않으므로 쌀을 이용해 면을 뽑아낸다. 이렇게 만들어낸 쌀국수에는 부족한 영양소를 보충하기 위해 다양한 건더기와 고명을 얹어 먹기도 한다.

서양의 면

밀은 원시 시대부터 인간이 이용해왔던 기장, 귀리, 보리, 호밀, 옥수수와 함께 인류의 주된 식량으로 가장 오래된 작물 중 하나다. 밀의 기원에 대하여 확립된 정설은 없지만 B.C. 10,000~15,000년경에 생겨난 것으로 본다. 이 시기가 신석기 시대의 시작, 즉 식량의 '채집' 단계에서 '생산' 단계로 넘어가는 점에서 밀이 식량 생산의 시초부터 재배되었던 오랜 기원을 가진 작물임을 알 수 있다. 밀은 강수량이 풍부하고 다소 높은 기온이 필요한 쌀과 달리 건조하고 척박한 기후에서도 잘 자라고 많은 노동력이 필요하지 않아 재배가 쉬워 일찍부터 널리 재배가 이루어졌다. 서남아시아를 비롯하여 나일 강을 따라 이집트 지역과 북으로는 이탈리아, 프랑스, 독일, 러시아 등 유럽 전역으로 퍼져 재배되었다.

2002년 중국의 고고학자들은 중국 북서부 라지아(Lajia) 고고학 부지에서 세계에서 가장 오래된 국수 토기 그릇을 발견했다. 함께 발견된 얇고 노란색의 면은 3미터 아래 밀폐된 그릇 속에 잘 보존되어 있었다. 베이징에 있는 중국과학원(Chinese Academy of science, 中國科學院)에서 지질 및 지구 물리학을 연구하는 루호우위앤(呂厚遠) 박사는 이것은 인류가 국수를 먹었다는 가장 초기의 증거라고 정의했다. 그의 연구팀에 따르면 면은 대략 7,000년 전 중국에서 전형적으로 재배되던 토착 식물인 기장(millet)으로 만들어졌다고 한다. 라지아 고고학 부지에서 면의 발견 이전에 면에 관한 가장 최초의 기록은 중국의 한 왕조(A.D.25~220)에서 찾아볼 수 있다. 이 시기의 기록에 의하면 "국수는 밀가루 반죽으로 만들어졌으며 한 왕조 시기(A.D.206~220)에 사람들에게 주식이 되었다"고 소개한다. Houyuan Lu 박사가 소속된 연구팀의 연구에 캐나다 토론토 대학(University of Toronto)의 게리 크로퍼드(Gary Crawford) 교수는 그의 논문을 통해 중국에서 4,000년 된 국수를 찾는 것은 당연하다 주장하며 우리가 일반적으로 알고 있듯이 국수는 중국에서 길고 중요한 역사를 갖고 있다고 힘을 실어주었다.

면은 적어도 2,000년 동안 전 세계 많은 곳에서 사람들의 배를 채워주는 주산물이었다. 3~4세기에는 다양한 종류의 파스타가 많은 형태로 존재했으며 인도에서는 'sevika 혹은 thread', 프랑스에서는 'noulles', 독일에서는 'nudeln', 그리고 영국에서는 'noodles'로 불렸다. 초기 서양의 기록에서도 면에 관한 흔적을 찾아볼 수 있다. 기원전 1세기 호러스는 '라자나(Lagana)의 반죽을 튀김 시트(fry sheet)로 사용하였다'고 하였으며 2세기 그리스 의사 글랜은 밀가루와 물로 만든 면인 'itrion'을 언급했다. 예수의 탈무드 기록에서 'itiyah'는 삶은 반죽의 종류 중 하나로 A.D.3~5세기 동안 이스라엘에서 쉽게 찾아볼 수 있는 면이었다. 이 면은 상인들이 판매하던 건면(dried noodle)이었다. 9세기에는 아랍의 정신과 의사였던 Isho bar Ali는 'itriyya'를 '히브리드 단어의 아랍어 기원으로 조리하기 전 양질의 거친 밀가루로 만든 다음 건조한 문자열과 같은 모양이다'라고 정의하였다. 또한 이슬람의 지리학자 무하마드 알 이드리시(Muhammad al ldrisi)가 '115년 itriyya는 노르만 시칠리아로부터 제조·수출되었다'고 기록한 내용도 찾아볼 수 있다.

일부 사람들은 서양에서 면이 시작된 것이 로마 시대 이전인 움브리아를 중심으로 살고 있던 에트루리아 인으로 거슬러 올라간다고 주장하거나 동고트족의 이탈리아 점령 시기라고 추측기도 하지만, 가장 정설로 받아들여지는 것은 마르코 폴로가 중국에서 가지고 왔다는 설이다. 마르코 폴로의 면의 전파와 관련하여 시기상의 오류가 파악되는 사건들도 있기는 하지만 분명한 사실은 면이 중국에서 중동과 유럽으로 전파되었다는 것이다. 당시 중국의 국수는 유럽의 빵과 비교하면 좀 더 높은 기술로 만들어지고 있었다. 현재 가장 즐겨 먹는 면의 모습인 'Stringy pasty'의 기원도 중국이다. 유럽에서 면의 소비가 가장 높은 국가인 이탈리아에 파스타가 소개된 시기는 대략 4세기로 알려졌다. 이 시기에 아랍인들은 처음 중국에 도착하였으며 중국과 그리스 사이에 많은 문물을 교류했다. 이후 그들은 중국과 인도, 아프리카와 유럽을 오가며 여러 음식재료의 교류에 일조했다. 이러한 교류를 통해 면은 중국에서부터 중동 그리고 유럽으로 전파된 것으로 추측할 수 있다.

이후 면은 베네치아, 제노바 등의 무역 도시에서 가장 중요한 상품으로 거래되었으며 이탈리아의 명문 가문에서는 포로로 잡혀 온 몽골 혹은 타타르족들을 하인으로 고용해 면 요리를 만들도록 하였다. 제노바의 상인을 통해 12세기 무렵부터 북부 이탈리아에서도 파스타를 먹을 수 있게 되었으며 13세기에는 리구리나와 토스카나 지역까지 전파되었다. 14세기에는 트리아(tria)의 요리법들을 '제노베지(genovesi: 제노바 사람들)'라고 일컫기도 하였으며 이후 파스타는 이탈리아 전 지역으로 자리를 잡게 된다.

중세 이탈리아에서 파스타는 일명 '마카로니(macaroni)'로 불렸는데 오늘날 둥글고 구멍이 뚫린 마카로니와는 다른 것이었다. 16세기 수도승인 테오필로 폴렌고(Teofilo Folengo)는 파스타를 '밀가루와 물, 버터로 만든 투박하고 거친 음식'이라고 묘사했다. 이를 통해 당시 파스타의 사회적 위치를 알 수 있다. 이탈리아에 파스타가 알려지고 전파되었던 시기인 14~15세기에는 파스타의 조리법이 명확하게 정의되지 않았었다. 왜냐하면 일부에서는 물에 삶은 뒤 소금을 버무려 냈고, 일부에서는 기름에 튀겨내기도 하였으며, 혹은 여러 가지 식재료를 첨가하여 볶아내는 등 대부분 면 요리가 파스타라는 이름으로 통용되었기 때문이다. 이 시기를 거친 후 파스타의 조리법이 확립되었으며 차츰 면 요리가 유럽 전역으로 전파되었다.

한국의 면 요리

전 세계적으로 사랑을 받고 있는 면 요리는 밥을 주식으로 하는 한국에서도 너무나도 사랑받는 음식이다. 우리나라 사람들은 계절이 바뀔 때마다 혹은 분식으로 다양한 종류의 면 요리를 즐긴다. 무더운 여름철 진하게 뽑아낸 콩국에 국수를 말아 콩국수를 만들어 먹기도 하며 이와 더불어 이가 시리도록 차가운 육수에 쫀득한 면발을 올려낸 냉면도 빼놓을 수 없다. 날씨가 추워지면 생각나는 칼국수와 온면처럼 쉽고 빠르게 먹을 수 있는 면 요리는 한국인들에게 친근한 음식이다.

그렇다면 면 요리는 언제부터 한국인의 밥상에 빈번하게 등장하게 된 것일까? 우리나라는 쌀을 주식으로 하는 밥 문화가 전파되어 왔었기 때문에 과거에는 면을 먹는 것이 어려운 일이

15

었다. 특히 쌀농사를 짓는 환경에서 양반이 아닌 일반 서민들이 밀로 만들어낸 면을 구하는 일은 쉽지 않았다. 이 때문에 고려 시대나 조선 시대에는 면 요리가 대단히 귀한 음식으로 대접받았으며 제례나 혼례 등의 큰 행사 때 특별한 음식으로 면 요리를 내기 시작했다. 『고려도경(高麗圖經)』을 살펴보면 "고려에는 밀이 적기 때문에 화북에서 수입하고 있다. 따라서 밀가루의 값이 매우 비싸 성례(成禮) 때가 아니면 먹지 않는다"고 기술되어 있다. 혼례 때 등장하는 '잔치 국수'는 길게 뽑아낸 국수처럼 오랜 세월 잘 지내라는 염원을 담고 있지만 결혼식에 찾아온 하객들에게 특별한 날만 먹을 수 있던 별미를 제공한다는 의미도 담겨 있었다.

이처럼 귀한 음식으로 대접받던 면 요리는 6·25전쟁을 거치면서 위상을 달리하게 된다. 전쟁으로 전 국토가 황폐해진 뒤 미국의 원조로 건너온 밀가루는 온 나라 사람들의 허기를 달래주는 주식 아닌 주식이 되어 버렸다. 값싼 밀가루로 뽑아낸 소면과 라면은 쌀밥을 먹지 못하는 사람들의 주식이었다. 이후 1970년대 경제 성장을 거치며 다시 쌀이 주요한 곡물로 올라오면서부터 면 요리는 한참이나 별식의 개념으로 취급받게 되었다. 1990년대 중반부터 건강한 밀가루 열풍이 불면서 우리나라에서 생산된 '우리 밀'의 수요가 급증하기도 했고 최근 들어서는 메밀의 건강한 성분들이 밝혀지면서 메밀의 소비가 증가하고 있는 실정이다.

가장 흔하지만 가장 완벽한 맛, '짜장면'

과거 입학식이나 졸업식과 같이 특별한 날이 되면 온 가족이 모여 중국집으로 향하는 모습을 쉽게 볼 수 있었다. 지금이야 먹거리가 다양해져 많은 음식이 유혹하지만 누구나 짜장면에 대한 추억이 하나쯤은 있을 정도로 짜장면은 우리에게 친근한 음식이다. 불과 백여 년 전 중국인들에 의해 건너왔던 짜장면. 이제는 한국인 8명 가운데 1명은 매일 짜장면을 먹으며 전국 2만 4,000개의 중국 음식점에서는 하루 600만 그릇의 짜장면이 소비될 정도로 인기 있는 음식이 되었다. 외래음식으로는 유일하게 한국의 100대 문화 상징에 포함되며 정부의 중점물가 관리 품목으로 선정되어 있기도 하다.

짜장면의 유래

1882년 임오군란(壬午軍亂) 당시 청나라 군인들을 따라 국내로 들어온 중국 상인들은 이제까지 보지 못했던 다양한 종류의 중국 음식을 소개했다. 1884년 인천에는 청국지계(선린동 일대 5,000평. 일정한 범위 안에 외국인 전용 거주지역으로 그곳의 지방행정권을 그들 외국인에게 위임한 지역)가 설정되고 많은 청나라 상인들이 거주하게 되는데 1920년 항구를 통한 무역이 활성화되면서 중국 무역상들을 위한 많은 음식점이 생겨났다. 값싸고 쉽게 맛볼 수 있는 중국의 대중 음식은 우리나라 사람들에게 센세이션을 불러일으켰다.

1945년 해방 직후, 우리 정부는 한국에 건너와 있던 중국 상인들에게 강한 제재를 가한다. 한국 정부가 중국 상인들에게 무역을 금지하자 수입원을 잃은 많은 중국인은 손쉽게 하기 쉬운 음식점을 차리게 된다. 당시 생겨난 중국음식점의 개수가 기존보다 무려 다섯 배나 될 정도로 많은 중국음식점들이 생겨났다.

이처럼 중국 음식이 많은 이들에게 사랑을 받게 되자 청나라 상인들은 부두 근로자들을 상대로 싸고 빨리 먹을 수 있는 음식을 개발해 내게 되었고, 이렇게 해서 만들어진 음식이 바로 '짜장면'이다. 이후 이들은 특유의 상업적인 기질을 활용해 한국인의 입맛에 맞는 짜장면의 맛을 만들어 내기 시작하였는데, 국내에서 많이 생산되는 양파와 당근을 넣은 뒤 춘장에 물을 타서 연하게 풀어낸 소스를 곁들였다. 6·25전쟁 이후 미국은 전쟁의 피해를 본 한국에 많은 식품을 무료로 원조해 주고 있었는데 그중에서도 가장 많이 지원된 것이 바로 '밀'이었다. 때마침 쏟아져 나온 값싼 밀가루와 짜장 소스의 만남은 모든 한국인이 즐겨 먹는 짜장면이라는 음식을 탄생시켰다.

최초의 짜장면은? 인천 차이나타운의 '공화춘'

짜장면을 누가 만들었는지에 대해서는 의견이 분분하나 '짜장면'이라는 이름으로 처음 판매되기 시작한 곳은 1905년 개업한 '공화춘'으로 알려졌다. 공화춘은 일본 강점기 때도 중국 음식으로 상당한 인지도를 갖고 있던 고급 음식점이었다. 인천에서 공화춘이 성업을 이루자 중화루, 동흥루 등 많은 고급 중국 음식점들이 생겨났으며 이들이 만드는 요리들은 차츰차츰 우리의 입맛으로 변화하기 시작하였다.

짜장면 가격의 변천사

1960년, 처음 짜장면이 대중화되기 시작했을 당시 짜장면 한 그릇의 가격은 15원 정도로 상당히 비싼 음식으로 대우받았다. 미국의 밀 원조를 통해 저렴할 수 있는 음식이었음에도 해방 초기 짜장면은 서민적인 음식이 아니었다. 하지만 짜장면이 점차 대중적으로 확산하면서 서민을 대표하는 음식 아이콘으로 자리 잡게 된다. 이후 1970년대에는 200원대를 유지하다 88올림픽을 거치면서 서서히 가격이 오르기 시작한다. 이후 1990~2000년대 사이에 짜장면의 가격은 급등하게 된다. 초기만 해도 1,300원이었던 짜장면의 가격은 2000년 IMF를 지나면서 3,000원까지 치솟게 된다. 현재 짜장면 한 그릇은 4,000원 정도로 판매되고 있지만 짜장면 한 그릇의 가격은 여전히 서민들의 피부에 직접 영향을 끼칠 정도로 서민적인 음식으로 여겨지고 있다.

다양한 종류의 짜장면

춘장에 물을 넣고 연하게 풀어서 만드는 짜장면, 하지만 조금만 속을 들여다보면 여러 형태로 우리 입맛을 공략하고 있다는 것을 알 수 있다. 처음 짜장면을 만들 때만 하더라도 옛날 짜장이 주를 이루었지만 시대를 거치면서 간짜장, 유니 짜장, 쟁반 짜장 등 대중들의 입맛에 맞게끔 맛의 차별화를 꾀하고 있다. 짜장면의 종류는 대략 다음과 같이 나눠볼 수 있다.

① 옛날 짜장 : 양파, 양배추, 감자를 굵직굵직하게 썰어서 춘장과 함께 볶다 물과 전분을 넣어 만든 짜장면으로 우리가 흔히 짜장면이라고 부르는 것이다.

② 간짜장 : 춘장에 물과 전분을 전혀 첨가하지 않고 기름에 볶아낸 짜장면으로 음식을 주문하면 갓 볶아내기 때문에 좀 더 기름진 맛을 느낄 수 있다.

③ 유니 짜장 : 유니 혹은 유미 짜장으로 불리며 돼지고기를 곱게 갈아서 쓴다. 모든 재료를 곱게 갈아서 사용하기 때문에 부드럽고 담백한 맛이 특징이다.

④ 삼선(三鮮) 짜장 : 세 가지 이상의 해산물이 들어간 짜장면을 말하는데 보통 새우나 갑오징어, 건해삼을 넣어서 만들며 재료의 씹는 맛을 충분히 느낄 수 있다.

⑤ 쟁반 짜장 : 춘장과 면발을 함께 볶아낸 뒤 커다란 쟁반에 담아내는 짜장면으로 2000년대에 들어서부터 유행하기 시작하였으며 부추를 첨가하여 볶아내는 것이 특징이다.

한국과 중국의 짜장면

'장'을 볶는다는 의미의 짜장면(炸醬麵). 실제로 중국에도 짜장면이라는 음식은 존재하지만 한국의 짜장면과는 모습부터 다르다. 중국 짜장면은 삶아낸 면 위에 춘장, 숙주나물, 오이, 완두콩 등 다양한 재료를 곁들여 비벼 먹는다. 한국 짜장면의 맛이 달다면 중국의 짜장면은 무척 짠맛이 강하고 중국 특유의 향신료 맛이 강하다. 이에 반해 한국의 짜장면은 춘장을 볶다 물을 넣어 짠맛을 연하게 풀어주며 양파와 양배추 등 야채를 듬뿍 넣어 전체적으로 단맛이 나게끔 만들어 낸다.

국수에 고기를 넣어? '고기 국수'

예부터 우리 생활 속에 깊게 자리 잡은 음식을 향토음식이라 지칭한다. 가장 한국적인 맛이면서도 토속적인 맛이 곁들여져 있는 향토음식은 우리 생활에서 손쉽게 접할 수 있다. 다른 지방과의 왕래가 쉽지 않았던 제주도의 향토음식은 육지의 음식과 비교해 볼 때 지방 고유의 특색과 느낌을 고스란히 간직하고 있다. 양념을 거의 쓰지 않고 재료 그대로의 맛을 살린 조리법 덕분에 제주도를 찾는 사람들은 제주도의 향토음식을 빼놓지 않고 즐긴다. 그중에서도 서귀포를 중심으로 마을의 잔칫날이나 큰 행사가 있던 날 즐겨 먹던 고기 국수는 제주도의 삶과 문화를 고스란히 담아내고 있어 제주도를 찾는 이들에게 많은 주목을 받고 있다.

고기 국수의 정의

'제주도 고기 국수'는 제주도의 대표적인 국수 요리로 흑돼지로 고아낸 육수에 수육을 올려 만든 국수 음식이다. 고기 국수는 돼지를 한 마리 잡은 후 남은 뼈와 살코기들을 처리하기 위해 고심하던 중 큰 솥에 남은 재료를 모두 넣고 푹 고아낸 뒤 면을 삶아 곁들여 먹은 것에서 시작되었다. 최근에는 돼지 머리와 살코기들을 사용해 국물을 만들고 건면을 삶아내 곁들인다. 육지에서처럼 마을의 잔칫날이나 경조사 때 손님들에게 대접하며 간단한 식사나 해장을 위해 제주도 사람들이 즐겨 찾는 향토음식이다. 제주도 시내 동문시장과 관광지 삼성혈 주변에 고기 국수 전문식당이 밀집된 거리가 조성되어 있다.

고기 국수의 유래

제주도에서 일반적으로 '고기'라 하면 쇠고기나 닭고기가 아닌 돼지고기를 지칭한다. 이는 과거 제주도에서 행해졌던 모든 의례에 돼지고기를 사용하였기 때문이다. 털과 내장을 제거하지 않은 돼지 한 마리를 통째로 제단에 올려놓고 제례뿐만 아니라 무속 제의에도 사용할 정도로 예부터 제주도에서 돼지는 특별한 의미를 담고 있었다.

제주도의 토산 일렛당에서는 '여신이 돼지 발자국에 고인 물을 빨아 먹고 일곱 쌍둥이를 낳았다'고 할 정도로 돼지에 주술적 의미를 부여하고 다산과 생산의 상징으로 중요하게 여겨졌다. 보통 제의식이 끝나면 돼지를 추렴하여 다양한 방법으로 음식을 만들었는데 수육을 위해 발라놓은 뼈다귀와 자잘한 고깃덩어리들은 고기 국수를 위한 좋은 재료들이었다. 큰 가마솥에 모든 재료를 넣고 마을 행사가 끝날 때까지 푹 삶아낸 뒤,

고기는 두툼하게 썰어내고 육수를 담아내어 고기 국수를 완성해 내었다.

하지만 지금의 모양과 같은 고기 국수는 1950년 일제 해방 이후 만들어졌다는 설이 지배적이다. 건면이 생산되기 시작하면서 국수를 넣고 말아 먹기 시작했으며 지금까지 이어 내려오고 있다고 한다. 논농사를 지을 수 없는 제주도는 메밀과 같은 거친 음식을 먹을 수밖에 없는 상황에서 부드러운 식감을 가진 건면의 등장은 제주도 사람들에게 대단히 매력적이었다. 건면은 제주도에 상륙한 이후 담백한 고기 국물과 어우러져 자연스레 제주도를 대표하는 향토음식으로 자리 잡게 되었다.

고기 국수의 과거와 현재

제주도의 향토음식이라고 알려진 고기 국수가 지금의 명성을 얻기까지는 불과 30~40여 년의 시간밖에 소요되지 않았다는 사실을 아는 사람은 그리 많지 않다. 일본 강점기와 6·25 전쟁을 거치며 다양한 음식재료와 음식들이 제주도에 쏟아져 들어오게 된다. 이러한 과정에서 제주도가 가지고 있던 전통의 음식들은 많이 사라지게 되었다. 이후 몇몇 집만을 통해 명맥을 유지하고 있던 고기 국수는 1970년대부터 향토음식으로 알려져 육지 사람들에게도 알려지기 시작하였으며, 박정희 대통령이 시행하였던 국민 식량 자급자족 운동 중 혼식·분식 장려 정책을 통해 많은 이익을 얻게 된다.

최근에는 방송과 언론을 통해서도 많은 이들에게 알려지게 되었으며 제주도의 지자체 또한 고기 국수를 향토음식 문화체험 대표 브랜드로 만들기 위해 노력하고 있다. 매달 11일을 고기 국수 데이로 지정하여 국수 거리에서 할인된 가격으로 즐길 수 있으며 이 밖에도 다양한 방법을 통해 제주도를 대표하는 향토음식으로 발돋움하고 있다.

고기 국수, 맛의 비결은?

고기 국수의 맛은 담백하고 깔끔하다. 게다가 돼지 특유의 잡냄새가 전혀 느껴지지 않는 것이 특징이다. 얇은 소면으로 삶아낸 면발에 하루 이상 푹 고아내어 뽀얀 색을 자랑하는 사골육수는 부산의 돼지국밥 맛을 연상시킬 정도로 뛰어나다. 대부분 업소에서는 돼지 사골과 돼지 머리를 함께 넣어 육수를 만들어 내며 생강과 통마늘을 넣어 잡냄새를 잡아내는 경우도 있다. 가장 중요한 것은 제주도에서 생산되는 흑돼지를 이용해야 한다는 점이다. 지방과 살의 함량이 육지의 돼지와 비교해 월등히 뛰어나기 때문에 고기 국수 특유의 '배지근(담백하다는 제주도 방언)'한 맛이 나온다.

닮은꼴 국수 '고기 국수'와 '돈코츠 라멘'

지리적으로 해안가에 있는 제주도와 후쿠오카에서는 닮은꼴 음식을 찾아볼 수 있는데 바로 '고기 국수'와 '돈코츠 라멘'이다. 생김새만 보더라도 두 음식은 매우 흡사하다는 생각이 들지만, 그 속을 들여다보면 더욱더 비슷함에 깜짝 놀라게 된다.

잘 삶아낸 편육에 뽀얀 빛깔의 고기 육수는 차슈(돼지고기)가 올려진 돈코츠(豚骨) 라멘과 생김새가 똑같다. 그리고 일본 음식이지만 빻아놓은 마늘과 생강을 곁들여 먹는 것까지 한국식 식생활습관과 매우 비슷하다. 돈코츠 라멘은 기름지고 진한 맛이 인상적인 것에 반해 고기 국수는 돈코츠 라멘보다 한층 더 담백하고 깔끔한 맛이 도드라진다. 이러한 맛의 유사함 때문인지 제주도를 방문하는 일본인 관광객들 또한 제주도의 고기 국수를 스스럼없이 즐긴다.

일본의 오키나와 지방에는 과거 제주도의 음식이 건너갔다는 기록이 남겨져 있다. 그리고 예부터 후쿠오카는 일본 내에서도 오키나와와 빈번히 교류하였고 이를 통해 다양한 문화와 식습관을 받아들였다. 이러한 배경을 통해 제주도와 후쿠오카에서 비슷한 음식이 탄생한 듯하다. 물론 돼지가 중요한 요소였다는 점은 분명한 듯하다.

이열치열(以熱治熱) 겨울철 별미 음식 '냉면'

여름철, 살얼음이 동동 띄워져 있는 시원한 육수에 면을 후루룩 들이켜는 냉면은 생각만 해도 무더운 더위를 잊게 하여주는 대표적인 여름 면 요리다. 하지만 그 유래를 살펴보면 냉면은 예부터 겨울철에 먹던 음식이었다. 겨울철 눈이 내리는 날 따뜻한 온돌방에 앉아 살얼음이 끼어있는 동치미 국물에 면을 말아 먹었던 요리가 바로 냉면이었다. 이열치열이라고 했던가?

매섭게 눈이 내리는 겨울날 이가 시리도록 차가운 육수를 들이
켜고 나면 오히려 열이 생기고 든든해져 겨울 한 철 감기 걱정
없이 지낼 수 있었던 원동력이 되곤 했다. 지금은 평양냉면과
함흥냉면으로 나누어져 여름철을 대표하는 음식으로 자리 잡
았지만 여전히 겨울철에 맛보는 냉면의 맛도 매력적이다.

냉면의 정의

냉면은 차가운 육수에 삶아낸 면을 담아낸 음식으로 『동국
세시기(東國歲時記)』에는 메밀국수를 무와 배추김치에 말아낸
뒤 돼지고기를 섞은 것을 '냉면(冷麪)'이라고 기술하고 있다. 장
유(張維)의 문집인 『계곡집(谿谷集)』 27권에는 '자장냉면(紫漿冷麪,
자줏빛 육수의 냉면)'이라는 시가 있는데 그 내용은 다음과 같다.

> "자줏빛 육수는 노을빛처럼 비치고, 옥색의 가루가 눈꽃처
> 럼 흩어진다. 젓가락을 입에 넣으니 그 맛이 입속에서 살아
> 나고, 옷을 더 입어야 할 정도로 그 차가운 기운이 온몸을
> 뚫는다(紫漿霞色映 玉紛雪花勻 入箸香生齒 添衣冷徹身 客愁從
> 此破)."

『재물보(才物譜)』 『진찬의궤(進饌儀軌)』 『동국세시기(東國歲時
記)』 『규곤요람(閨壼要覽)』에 등장하는 기록으로 비추어 볼 때
북쪽에서 즐겨 먹던 냉면이 점차 남쪽으로 내려왔음을 짐작할
수 있다.

영원한 라이벌, 평양냉면 VS 함흥냉면

냉면을 선택하기에 앞서 가장 어려운 일이 바로 평양냉면과 함흥냉면 중 한 가지를 고르는 것이다. 북쪽 지역을 대표하는 이 두 가지 냉면을 육수의 유무로만 구분하는 사람들도 있지만 자세히 들여다보면 그렇지 않다.

평양냉면은 메밀가루로 뽑아낸 면발에 꿩, 닭, 소 등으로 만든 육수를 곁들인 뒤 식초와 겨자를 얹어 먹는 음식이다. 곁들임으로 편육이나 무채, 삶은 달걀 등의 고명이 올라가며 일반적으로 냉면이라 하였을 때 가장 먼저 생각나는 대표주자라 할 수 있다. 평양 지역은 북한 서부 지역의 가장 큰 경제 중심지로 예부터 곡물과 과일들이 풍성했던 지역이다. 그러므로 음식의 간은 '심심하다'고 표현될 정도로 자극적이지 않았다. 이러한 음식문화를 기반으로 탄생한 음식이 바로 평양냉면이다. 육수로는 꿩이나 쇠고기로 끓여낸 것에 동치미 국물을 섞어 냉면육수를 맞추어 냈다. 그 당시만 하더라도 꿩이 많았기에 주로 꿩을 사용하였지만 지금은 구하기가 어려워 대부분 소고기를 이용한다. 뚝뚝 끊길 듯한 식감의 면은 메밀가루에 약간의 전분 가루를 섞은 뒤 익반죽(가루에 끓는 물을 쳐가며 반죽하는 것)하여 국수 틀에서 눌러서 뽑아낸다. 여기에 동치미 무나 김치를 길게 찢어서 올려내기도 하며 삶은 달걀을 올려내 완성한 음식이다.

이에 반해 함흥냉면은 감자나 고구마 등 전분을 주로 사용하여 만들어낸 면발에 홍어나 가자미 같은 생선들을 넣어 고

27

추장 양념에 비벼 먹던 음식이다. 육수가 전혀 들어가지 않아서 일부에서는 회냉면, 비빔냉면이라고 쉽게 부르기도 한다. 넓은 밭이 펼쳐진 서부 지역과 달리 함경도 지방은 재배할 수 있는 작물이 한정적이었는데 대표적인 것이 바로 감자였다. 이를 토대로 다양한 음식들이 개발되었는데 그중에서 가장 대표적인 것이 바로 함흥냉면이다. 함흥냉면은 감자 전분을 이용하여 면발을 뽑아내었기 때문에 쫄깃한 맛이 일품이다. 이 때문에 육수를 사용하지 않는 것이 오히려 식감을 더욱 살려준다. 특히 함흥냉면에는 이 지역의 해안가에서 잡히는 생선을 곁들이곤 했는데 대표적인 생선이 바로 '가자미'였다. 가자미를 뼈 채 썰어 초고추장과 함께 매콤하게 비벼냈으며 이 지역의 다른 음식과는 달리 매운맛이 가장 큰 특징이다. 이후 6·25전쟁을 거치며 북쪽 사람들이 남쪽으로 내려오면서 자연스레 알려지게 되었고 고명으로 곁들이던 가자미가 홍어나 지역별 생선으로 대체되기도 하였으며 면발도 감자 전분이 아닌 고구마 전분을 사용하기도 하였다.

냉면집 앞의 긴 메뉴판은 언제부터?

과거 겨울철 별미였던 냉면은 조선에 얼음공장이 생겨나면서 계절에 상관없이 먹을 수 있는 음식이 되었다. 1920년도부터 등장한 얼음공장들 덕분에 수많은 음식점에서 무더운 여름날에도 시원한 육수를 만들 수 있게 되었고 1929년 12월 1일에 발간된 『별건곤(別乾坤)』에는 '김소저'란 필명으로 '사시명물

四時名物) 평양냉면(平壤冷麵)'이라는 글이 실렸을 정도로 냉면은 대중들의 사랑을 받게 된다. 특히 돈의동의 '동양루(東洋樓)'에서 수양버들 가지가 바람에 날리듯 길게 늘어뜨린 종이를 냉면집 밖에 붙여놓은 홍보방식은 큰 인기를 끌게 된다. 이후 이러한 홍보방식은 여름철이 되면 너도나도 할 것 없이 냉면을 대표하는 선전 방식으로 자리 잡게 되었다.

냉면을 뽑아내는 틀은?

냉면은 반죽을 칼로 썰어내는 절면(切麵) 방식이 아닌 반죽을 작은 통 사이에 넣고 눌러서 뽑아내는 압면(押麵) 방식을 사용한다. 이렇게 면을 뽑아내는 면통을 '면자기(麵榨機)'라고 불렀다. 최근에는 압축 방식으로 간단하게 면을 내릴 수 있지만 과거에는 기산(箕山) 김준근(金俊根)이 그린 '국수 내리는 모양'이란 그림에서처럼 반죽을 넣은 뒤 사람이 직접 올라가서 누르는 방식으로 면을 내렸다.

소박하고 구수한 맛이 일품인 한국의 대표 면 요리 '칼국수'

날씨가 추워지면 동네마다 문전성시를 이루는 곳은 다름 아닌 칼국수 식당들이다. 특히 면발을 만드는 방식에서 특별한 조리 도

거산 김준근의 '국수 내리는 모양'

구가 필요하지 않기 때문에 우리나라 사람들에게 오랜 시간 사
랑받던 요리였다. 칼국수는 많은 사람이 즐겨 먹던 소박한 요
리지만 김영삼 전 대통령이 가장 좋아하던 요리가 칼국수라는
것은 공공연하게 알려진 사실이다. 특히 청와대 오찬으로 제공
된 식사에서 사골 육수로 끓여낸 안동식 칼국수를 손님들에게
대접하여 큰 화제가 되기도 했다. 이처럼 칼국수는 육수에 따
라 맛이 차별화되며 지역에 따라 멸치나 쇠고기를 넣기도 하고
신선한 조개나 낙지를 넣고 끓여내는 곳도 있다.

칼국수의 정의와 유래

칼국수는 밀가루 반죽을 칼로 썰어낸 면발로 요리해낸 음
식을 의미한다. 과거의 기록을 찾아보면 『간편조선요리제법(簡
便朝鮮料理製法)』에서는 "밀가루에 소금을 뿌린 뒤 물을 넣고 반
죽하여 오랫동안 주무르고 쳐서 반죽을 극히 되게 한 뒤에 방
망이로 얇게 밀어 잘게 썰어 끓는 물에 삶아 낸 뒤 냉수에 헹
구어서 물을 다 빼 버리고 그릇에 담는다. 그 뒤 맑은장국을
끓여서 붓고 국수장국에 얹는 고명을 얹는다"고 기재되어 있
다. 다른 면 요리와 마찬가지로 칼국수도 과거 특별한 날에만
먹을 수 있던 귀한 음식이었다. 하지만 한 해에 한 번 밀 수확
이 끝난 날인 유두(음력 6월 15일)날에는 햇밀을 이용해 다양한
면 요리와 부침개들을 만들어 먹던 풍습이 있었다. 하지만 조
선 시대 최고(最古)의 조리서인 『규곤시의방(閨壼是議方)』의 내용
을 살펴보면 메밀가루와 밀가루를 섞어 사용했고 밀가루는 귀

재료가 아닌 부재료의 역할로 사용했다는 것으로 보아 조선 시대의 칼국수는 메밀가루로 만들어졌음을 알 수 있다.

같은 맛 다른 꼴, 칼국수와 수제비

어릴 적 가난했던 시절 추억의 음식인 수제비는 칼국수와 비교해 볼 때 만드는 방법과 그 맛이 거의 흡사하다. 칼국수가 말 그대로 '칼로 썰어 만든 국수'라면 수제비는 밀가루 반죽을 손으로 뜯어서 넣는 것이 특징이다. 수제비는 장국에 애호박과 여러 버섯을 넣은 뒤 간단하게 끓여내지만 칼국수는 여러 종류의 육수를 가지고 있는 조금 더 고급스러운 음식이라 할 수 있다.

뜨고 있는 면 요리, 강원도의 '막국수'

평양냉면과 사촌지간인 막국수는 강원도를 대표하는 음식이다. 메밀로 만들어낸 면발에 양념을 비비거나 육수를 넣어 말아 먹기도 한다. 곁들임으로는 절인 오이나 김치, 삶은 달걀을 올리며 깨소금과 고춧가루도 없는다. 막국수의 육수로는 동치미나 나박김치와 같은 고춧가루와 젓갈의 사용이 적은 김치류의 국물에 소나 닭의 육수를 내어 반반 섞어 사용한다. 과거에는 메밀면을 만들기 위해 익반죽을 한 뒤 면을 칼로 썰어 낸 절면을 사용하였지만 점차 현대화되면서부터 지금의 압면 형태를 유지하게 되었다. 막국수는 이름 그대로 메밀을 제분할

부산의 밀면

때 메밀의 겉껍질과 가루를 한데 넣고 '막' 갈아내는 데서 '막국수'라는 이름이 붙어졌다.

밀이 귀했을 당시 한반도에서의 면 요리는 메밀요리였다. 사람들은 메밀을 이용해 반죽한 다음 칼로 썰어서 면발을 만들어냈다. 이렇게 만들어낸 면에 뜨거운 육수를 곁들이거나 찬 동치미 국물을 더하기도 하였는데 지금은 찬 동치미 국물의 음식은 사라졌다. 이후 진화를 거듭해온 메밀면은 국수 틀에 넣고 뽑아내는 방식을 택하게 되는데 삶아낸 면에 차가운 국물을 더했다. 요즘의 막국수는 한여름에 주로 찾는 음식이지만 과거에는 겨울철의 별미였다. 따뜻한 온돌방에 둘러앉아 출출한 밤에 즐겨 먹던 막국수는 점차 식사의 개념으로 자리 잡게 되었다.

평양냉면 그리고 막국수

대부분 사람들은 '냉면'이라는 단어에 이끌려 평양냉면과 함흥냉면을 비슷하게 생각한다. 하지만 '평양냉면 = 메밀면' '함흥냉면 = 감자전분'으로 확연하게 구분되기 때문에 맛과 모양에서 상당한 차이가 있다. 막국수는 모습으로 보았을 때 함흥냉면과 비슷하지만 맛과 내용물을 살펴보면 평양냉면과 더

왔음을 알 수 있다. 둘 다 메밀면을 사용하고 차가운 육수를 더한다는 공통점을 가지고 있다.

일등 다이어트 식품 막국수의 매력

최근 다이어트 식품으로 선호되는 메밀에는 비타민 B와 E가 풍부하게 들어있어 건강식품으로 자리를 잡게 되었다. 메밀은 제분하는 과정에서 껍질을 완벽하게 제거하기 어려워 식품으로 만들어도 일정량의 껍질을 섭취하게 된다. 이렇게 섭취된 껍질 속에는 식이섬유가 풍부해 비만과 변비를 없애주고 콜레스테롤 수치를 정상화해 피를 맑게 한다. 그뿐만 아니라 메밀은 다른 곡물과 비교해 섬유소가 많아 칼로리가 월등하게 낮아서 다이어트 식품으로 단단히 한몫하고 있다. 일반적으로 물냉면은 550kcal, 비빔냉면은 650kcal인데 반해 막국수는 300kcal로 절반 정도의 열량을 지니고 있다. 메밀가루에는 다양한 종류의 효소가 들어있는데 이는 저장 중 변질하기 쉽다. 그래서 막국수를 먹을 때는 식초를 첨가하여 먹는 것이 좋다.

메밀을 많이 먹으면 몸에 해롭다?

메밀은 크게 겉껍질, 속껍질, 배유, 배아로 나누어지며 겉껍질을 제외한 부분의 제분방식으로 메밀면의 품질이 결정된다. 메밀의 겉껍질에는 살리실아민과 벤질아민이라는 성분이 있는데 다량으로 섭취하면 인체에 유해하고 소화에도 좋지 않은 영향을 끼친다. 이러한 부작용을 없애기 위해서라면 무를 섭취하는 것이 현명하다. 섬유질과 비타민 C가 풍부한 무는 메밀이 가진 해로운 것들을 충분히 제독해 낼 수 있기 때문에 메밀 음식에 갈아낸 무를 곁들이는 것을 쉽게 찾아볼 수 있다.

실패가 만들어낸 최고의 히트작 '쫄면'

우리나라의 분식집에서 여전히 최고의 사랑을 받고 있는 쫄면은 사실 한 냉면 공장의 '실수'로 탄생하였다. 1970년대 초반, 인천 중구 경동의 '광신제면'에서 사출 구멍을 잘못 맞춘 냉면을 뽑아내어 일반적인 냉면보다 두꺼운 면을 만들어 버렸다. 이를 본 사장은 버리기는 아까워 중구 인현동의 분식집 '맛나당'에 이 면을 팔았는데, 이곳의 주방장이었던 노승희 씨는 면을 삶아낸 뒤 여러 재료를 함께 곁들여 분식으로 판매를 시작했다. 이 음식의 이름을 정하지 못했던 노씨는 면발이 쫄깃해서 '쫄면'이라고 불렀으나 맛을 본 학생들의 입소문을 타면서부터 정식으로 '쫄면'이라 부르게 되었다. 이후 공장에서도 쫄면이라는 이름으로 면을 뽑아내게 되었으며 전국의 분식집으로 전파되었다. 쫄면은 분식답게 만드는 법도 간단한데 삶아낸 면에 양념 고추장과 콩나물, 당근, 달걀을 얹어내면 완성된다.

영양 만점 콩국수

콩국수는 과거 입맛이 없고 땀이 많이 나는 여름날 하루 동안 불렸던 콩을 삶은 뒤 맷돌에 갈아 즙을 짜 국수로 말아 먹었던 음식이다. 이는 여름철 별미일 뿐만 아니라 원기를 회복시켜주는 보양 음식이었다. 여름철에는 땀으로 다량의 신체 질소가 배출되는데 이를 회복하기 위해서라면 단백질의 보충은 필수적이다. 콩 속에는 다량의 단백질과 사포닌이 포함되어 있는데 콩국으로 만든 콩국수는 체력을 회복하는데 제격이라 볼 수 있다. 과거 양반들은 깻국수를 즐겨 먹었으며 서민들은 상대적으로 구하기 쉬운 콩을 이용하여 콩국수를 만들어 먹곤 했다.

콩국수의 유래는 정확히 알 수 없으나 옛 자료에 의하면 1723년 이익(李瀷)은 『성호사설(星湖僿說)』에서 "…… 맷돌에 갈아 정액만 취해 두부로 만들면 남은 찌끼도 얼마든지 많은데 그것을 끓여 국을 만들면 구수한 맛이 먹음직하다"고 말했고, 1800년대 말에 나온 조리서 『시의전서(是議全書)』에는 콩국수와 깻국수가 언급된 것으로 보아 조선 시대 이전부터 즐겨 먹었음을 추정해 볼 수 있다.

콩국수는 콩을 충분히 불린 뒤 펄펄 끓는 물에 삶아낸다. 콩을 삶는 과정에서 자칫하면 콩의 비릿한 맛이 생기기 때문에 상당히 까다롭게 여겨지기도 한다. 그 뒤 찬물에서 씻으며 껍질을 제거하고 믹서에 곱게 갈아 콩국을 만든다. 고명으로는 특별한 것 없이 오이나 삶은 달걀 정도만을 올려낸다.

백 점 만점 영양 덩어리 콩국수

콩은 식물성 고단백질로 저지방 식품의 대표주자다. 콩을 구성하고 있는 영양분 중 대부분을 이루고 있는 단백질은 빠른 피로 회복과 동맥경화를 예방하며 또한 콩 속의 레시틴과 사포닌은 노화예방과 지적 기능향상에 탁월한 효과가 있다는 연구 결과도 있다. 콩국수에 들어가는 밀은 찬 성질이 있어 열을 내리는 역할을 하므로 여름철에 부족하기 쉬운 단백질을 보충함과 동시에 맛까지 잡는 최고의 음식인 셈이다. 특히 콩은 척박한 토양에서도 쉽게 재배할 수 있기 때문에 전국 어디에서든 서민들이 쉽게 구할 수 있는 작물이었다.

전 국민이 사랑하는 라면

전 국민이 즐겨 먹는 얼큰한 맛의 라면, 분식을 넘어 어느 순간부터 바쁜 사람들의 주식이 되어버리기도 한 라면이 한국 사람들의 식탁에 등장한 지도 어느덧 반세기가 되어간다. 꼬불꼬불한 면발과 새빨간 국물의 아이콘이었던 라면은 점차 맑은 국물의 라면으로 유행을 타고 있지만 여전히 사람들에게 있어 라면은 붉은색과 꼬들꼬들한 면발이라는 이미지를 떠오르게 한다. 경기가 어려울 때면 더 많이 팔린다는 조사가 있듯이 꾸준한 맛과 합리적인 가격으로 이제는 한국을 넘어 전 세계 어느 곳에서도 쉽게 찾아볼 수 있는 식품이 되었다.

라면의 유래

　라면은 면을 스팀으로 익힌 다음 기름에 살짝 튀겨낸 뒤 분말 양념을 별첨하여 만들어낸 식품이다. 라면의 어원은 일본 사람들이 즐겨 먹는 납면(拉麵) 형태인 '데노베 라면(손으로 가늘고 길게 늘이는 라면)'에서 유래되었다고 알려졌다. 라면의 기원을 보통 면의 종주국인 중국으로 생각하기 쉽지만 일본에서 유래된 것이 정설이다. 지금은 세계적인 라면 회사인 일본 기업 '닛신'의 회장인 '안도우 시로후꾸' 회장은 1958년 선술집에서 튀김요리를 하는 모습을 보다 라면에 대한 아이디어를 얻었다. 그는 면을 살짝 삶은 뒤 튀겨내면 면발 속의 수분은 증발하고 면은 익으면서 속에 조그마한 구멍들이 생긴다는 것을 알아냈다. 이렇게 튀겨낸 면발은 건조한 뒤 먹기 전에 뜨거운 물에 담그면 작은 구멍들에 수분이 보충되어 원래 상태로 되돌아가게 되는데 이러한 아이디어를 면발에 적용해 인스턴트 라면을 개발하게 되었다. 세계 최초의 봉지라면을 개발했던 닛신은 이후 1971년 컵라면 개발에도 성공했다.

　1958년 일본의 일청(日淸) 식품이 면과 양념액을 첨가한 아지스케면(味附麵)을, 1959년에는 에스코크, 1960년에는 명성식품이 다양한 종류의 라면을 잇달아 시판하기 시작하였다. 당시만 하더라도 라면은 면에 양념액을 버무려 나온 것이었기에 유통기한이 짧은 단점을 가지고 있었다. 이를 보완한 명성식품은 1961년 현재와 동일한 형태를 가진 라면을 생산하게 되었고 이후 지금까지 이어져 오고 있다.

한국 라면의 역사

6·25전쟁 이후 극심한 식량 부족으로 고통받던 상황 속에서 1963년 9월 15일 삼양식품은 일본에서 라면 기술을 도입하여 처음으로 한국에 '치킨 라면'을 선보이게 된다. 처음에는 반신반의하던 사람들은 한 끼 먹거리로 충분한 포만감을 느끼면서부터 폭발적인 반응을 보이게 된다. 1966년 11월 전국적으로 240만 봉지가 팔린 '삼양 라면'은 3년 뒤 월 1,500만 봉지를 판매, 라면시장의 성장을 이끌었다. 대중들이 라면의 맛과 가격에 호의적인 반응을 보이자 농심(당시 롯데공업)은 1965년 라면 사업에 착수, 국내 라면시장을 양분하게 된다. 신한 제분의 '닭 라면', 동방 유량의 '해표 라면', 풍년 식품의 '뉴 라면', 풍국 제면의 '아리랑 라면' '해랑 라면' 등 다양한 라면 브랜드들이 출시되었지만 1980년도 초까지 국내 라면시장은 삼양과 농심을 중심으로 소비가 이루어져 왔다. 이후 1983년 한국 야쿠르트, 1986년 빙그레, 1987년 오뚜기가 라면 사업에 뛰어들었으며 2000년대 들어서부터는 젊은이들의 입맛에 맞는 다양한 종류의 라면회사들이 등장하기 시작하였다.

라면, 얼마나 먹을까?

농심과 삼양의 양강 구도는 국내 라면시장의 성장을 이끌었다. 1976년 580억 원 수준의 국내 라면시장 규모는 지난해 1조 9,000억 원에 달하며 세계 4위를 자랑했다. 세계라면협회 (IRMA, International Ramyen Manufacturers Association)의 자료를 보면

2004년 우리나라 사람들의 1년간 라면 소비량은 1인당 84개에 이르며 이는 국민 1인당 4일에 한 개꼴로 먹는 셈이다. 해마다 전 세계에서 소비되는 라면은 대략 6백억 개로 중국이 1백50억 개, 일본이 55억 개, 인도네시아 62억 개, 미국이 20억 개이며 우리나라는 38억 개를 소비한다.

라면이 꼬불꼬불한 이유?

라면은 일반적으로 길게 뽑아낸 국수 면의 모양과 달리 꼬불꼬불하다는 특징을 지니고 있다. 그렇다면 왜 라면은 이처럼 독특한 모양을 띠고 있는 것일까? 라면의 면발이 꼬불꼬불한 이유는 크게 두 가지로 구분된다. 먼저 라면은 제한된 용기 안에 담아내야 한다는 한계를 지니고 있기 때문에 직선보다는 곡선을 사용한다. 라면 하나의 길이는 보통 55~57m 정도인데 이렇게 긴 면발을 담아내기 위해서라면 곡선형으로 담아내는 것은 필수다. 또한 라면의 꼬불꼬불한 면발은 튀기는 과정에서 단시간에 다량의 기름을 흡수하여 수분 증발을 효과적으로 얻어내며 이후 유통과정에서의 보존기간도 오래 지속된다는 이점이 있다. 그리고 이렇게 곡선으로 조리된 면발은 직선으로 조리된 면발과 비교하면 뜨거운 물에 담갔을 때 면발이 조리되는 시간을 단축해 준다.

세계의 면 요리

모두 다 같은 라면이 아니야! '일본 라멘'

일본을 대표하는 음식 중 가장 손쉽게 즐길 수 있으면서도 맛과 영양이 듬뿍 들어간 음식이 바로 라멘이다. 우리나라의 '라면'과 비슷한 이름의 '라멘'은 모양은 비교적 비슷하지만 만드는 방법과 맛은 다르다. 맵고 짠맛이 강조된 라면과 비교해서 라멘은 담백하고 고소한 맛을 강조하기 때문이다. 생면을 뽑아내 숙성시킨 뒤 삶아내는 면과 돼지뼈와 닭뼈 등 다양한 재료들을 넣고 오랜 시간 끓여 만들어내는 국물은 라멘의 맛과 영양을 더욱 돋보이게 하여 일본사람들이 가장 사랑하는 대중음식으로 만들어 놓았다.

라멘의 정의

라멘(ラーメン, 拉麵)은 면과 국물로 이루어진 일본의 대중 음식이다. 중국에서 기원하였으며 기본적으로 면과 국물 그리고 차슈, 파, 삶은 달걀과 같은 다양한 종류의 토핑이 올라간다. 시나소바(支那そば)나 주카소바(中華そば)라고도 불리며 'ラーメン'라고 표기하는 것이 보통이다. 일본 내에서는 국민적인 음식으로 사랑받고 있으며 각 지역에 따라 다양한 종류가 있다. 일반적으로 일본식 된장(미소)으로 맛을 낸 미소 라멘, 간장으로 맛을 낸 쇼유 라멘, 돼지뼈로 맛을 낸 돈코츠 라멘 등이 대표적이다.

라멘의 역사

일본에서 최초로 '라멘'을 먹은 사람은 도쿠가와 미쓰쿠니라는 설이 있다. 또한 명나라에서 망명해 온 유학자 주순수가 미토번에 초대를 받았을 때 중국의 국물 면을 헌상했다는 기록도 있다. 일본 내에서는 메이지 시대의 고베나 요코하마 등지의 중화가에서 시작되었다고 하는 설과 다이쇼 시대의 홋카이도 지역에서 시작된 소금 라멘이라고 하는 설이 존재한다. 하지만 두 가지 설 모두 현재의 라멘과는 만드는 방법과 맛이 다르다.

라멘의 어원

흔히 사용되고 있는 '라멘'이라는 단어의 어원은 어디서 유래한 것일까? 라멘이라는 용어가 등장한 것은 20세기 초라는 것이 학계의 정설이다. 일본 라멘은 손으로 가늘고 길게 늘이는 '데노베 라멘'으로 흔히 납면(拉麵)으로 불렸는데, 이것이 라멘의 어원으로 알려져 있다.

한편 근대에 들어서 중국의 면과 일본의 소금, 간장, 맛 된장이 결합해 완성된 '라멘'이 탄생한다. 손국수가 아닌 칼로 써는 중국의 랴오멘(柳麵, 유면)이라는 말에서 유래한 듯하며 요코하마의 중화가(中華街) 노점에서 탄생했다고 한다.

라멘의 보급

일본에서 라멘의 보급에는 크게 두 개의 흐름이 존재한다. 첫 번째로는 제2차 세계대전 이후 중국 사람들이 운영하던 일본풍의 중화요리점에서 보급되었다는 것이다. 이러한 음식점들에서는 볶음밥, 마파두부, 교자 등 중국 음식들뿐만 아니라 중국식 면 요리도 판매하였는데 이러한 것들이 차츰차츰 일본인들의 입맛에 맞게끔 진화되었다는 것이다.

두 번째로는 밤늦은 시간 야타이라고 불리는 포장마차에서 판매되는 분식의 일종으로 전파되었다는 것이다. 에도 시대부터 리어카의 뒤로 조리 기구를 쌓아 거리를 돌아다니며 라멘을 판매한 것이 그 시작이다. 이렇게 유래된 것이 지금은 트럭으로 변형되었으며, 포장마차에서 고객들의 많은 호응을 얻은 뒤 고정 점포를 개설하는 경우도 많다.

라멘의 종류

라멘의 종류도 다양하다. 각 지방을 대표하는 토속 라멘이 있을 만큼 지역에 따라 요리법이나 사용하는 재료가 다를 뿐만 아니라 육수만 하더라도 서로 다른 재료를 사용해 다양한 맛을 낸다. 최근에는 간장과 돈코쓰, 소금과 돈코쓰, 카레, 우유, 쓰케멘 등 셀 수 없을 정도로 많은 종류의 라멘이 등장했다. 지역별로 발달한 된장과 간장, 소금 등의 소스와 차슈 등 토핑 재료가 조화를 이룬 일본 라멘은 수백, 수천 가지의 다양한 종류로 변화, 발전하고 있다. 이중 일본의 대표적인 라면에 대해 간단히 알아보자.

■ 쇼유 라멘 : 간장으로 국물 맛을 낸 라멘. 닭뼈와 닭껍질, 채소 등으로 우린 국물과 돼지뼈를 고아낸 국물로 진한 맛이 특징이다. 과음한 다음 날 숙취로 고생한다면 쇼유 라멘에 다진 마늘, 고춧가루를 풀어먹으면 해장에 딱 맞다.

■ 돈고츠 라멘 : 돼지뼈를 고아서 만든 국물로 맛을 낸 라멘. 돼지의 다리뼈와 머리를 넣고 오랜 시간 고아내었기 때문에 입안에 착 감기는 감칠맛이 인상적이다.

■ 미소 라멘 : 일본식 된장 '미소'로 맛을 낸 라멘. 고기 국물에 된장으로 간과 맛을 더한 것이다. 처음에는 돈코쓰 라멘이나 시오 라멘 등에 미소를 곁들이는 방식이었는데 어느

새 라멘 맛을 좌우하는 주요 요소가 됐다.

섣달 그믐밤에 먹는 '소바'

일본에서는 12월 31일(大晦日, おおみそか)에 소바를 먹는 풍습
이 있다. 예부터 이날 소바를 먹으면 장수를 한다는 의미가 있
어 매년 마지막 날이 되면 집집마다 소바를 준비하느라 정신이
없다. 이처럼 일본의 소바는 역사가 깊고 스시, 텐부라와 함께
일본을 대표하는 요리 중 하나다.

소바(そば)의 정의

소바는 메밀가루로 얇게 뽑아낸 국수를 차가운 간장 국물
에 넣고 무와 고추냉이를 곁들여 먹는 음식이다. 일본에서는
면 요리를 모두 소바(蕎麥)로 일컫는데 소바 그 자체 또한 메밀
을 지칭한다. 최근 들어서는 소바기리(蕎麥切)라는 말로 널리 사
용되고 있다. 종류에 따라 뜨거운 국물이나 차가운 국물을 선
택할 수 있으며, 차가운 간장 국물에는 면을 조금씩 덜어서 먹
는데 채 썰어놓은 파와 갈아놓은 무를 듬뿍 올려 육수와 섞어
먹는다.

소바의 유래

소바의 기원은 17세기 무렵 에도 시대로 거슬러 올라간다.
당시의 일본은 지리적으로 간사이(교토, 오사카)와 에도(현재의 도

교 지방)로 나뉘어 있었으며 이 두 도시권을 중심으로 일본의 전반적인 음식문화가 발달하였다.

당시 일본의 수도는 교토였으며, 상업의 중심지는 오사카였기 때문에 화려함을 자랑하는 가이세키 요리나 정진 요리 등은 모두 간사이 지역을 중심으로 발달하였다. 이와 달리 에도 지방은 일본 내에서 새롭게 성장하는 지역이었으며 사무라이들의 도시였기 때문에 간사이 지방의 음식과는 많이 달랐다. 간사이 지역의 음식이 화려함을 자랑하였다면 에도 지방은 정갈하고 실용적인 부분이 강조되었다.

그 당시 에도 지방에는 새로운 정치를 위해 지방에서 올라온 남성들이 주를 이루었다. 매일 저녁이 되면 이들은 한 끼 식사를 해결하기 위해 고심했는데 이러한 사람들을 위해 탄생한 것이 바로 야타이(포장마차)다. 비교적 저렴한 비용으로 두둑한 한 끼를 책임졌던 야타이 음식들은 모두 이 시기에 탄생한 것이다. 소바뿐만 아니라 스시, 튀김, 덮밥 등 다양한 종류의 음식들이 생겨났다. 이후 좀 더 많은 사람의 입을 거치면서 세련된 맛을 지니게 되었고 지금까지 이어져 내려오고 있다.

관동 지방의 음식, 소바

일본에는 크게 두 가지의 맛이 존재한다. 교토와 오사카를 중심으로 형성된 관서지방과 지금의 도쿄지방의 관동지방의 맛이 그것이다. 소바는 철저하게 관동지방에서 생겨난 음식이다. 도쿄에는 그 역사가 에도 시대까지 거슬러 올라가는 사라

시나(更科)와 스나바(砂場), 야부(藪) 등 이른바 3대 노포 계통의 소바집들이 지금도 성업 중이다. 처음 관동지방에서 생겨난 이후로 많은 서민에게 환영받았고, 400여 년이 지난 지금까지도 일본의 대표적인 음식으로 많은 사랑을 받고 있다. 가다랑어포와 고등어포를 함께 넣어서 우려낸 육수에 진한 간장을 넣어 맛을 낸 관동지방의 소바는 가다랑어포와 다시마를 넣고 육수를 우려내는 관서지방의 육수보다 훨씬 더 맛이 진하고 강하다. 그러므로 검소하고 실용적인 관동지역의 문화에도 잘 들어 맞는다고 볼 수 있다.

소바의 영양

소바의 주재료인 메밀은 일본인들이 부족하기 쉬운 비타민 B군을 많이 보유하고 있다. 다른 곡류들과는 달리 영양소가 고루 퍼져 있기 때문에 제분을 하는 과정에서 발생하는 영양 손실이 적다. 피를 맑게 해준다고 알려진 메밀은 특히 혈압강하에 특별한 효능이 있다. 비타민의 일종인 판토테산은 두통과 피로를 쉽게 덜어주며 루틴(rutin)은 모세 혈관을 튼튼하게 하여 혈압을 내려준다. 메밀은 다른 곡류와 비교해 볼 때 아미노산의 조합이 뛰어난 것이 가장 큰 특징이다. 그래서 메밀의 겉껍질은 원활한 변통과 활발한 이뇨작용을 돕는다. 이와 더불어 코린은 술의 해독작용을 돕는 성분을 가지고 있어 간장을 보호한다.

소바면의 비밀

대부분 사람은 메밀의 색깔을 검은색 한 종류로만 생각한다. 하지만 메밀가루의 등급이 높을수록 흰색을 띤다. 소바면을 만들기 위해서라면 메밀가루에 일정량의 밀가루를 첨가하여야 하는데 이는 메밀가루의 점성이 약한 것을 보완하기 위함이다. 최근 들어서는 밀가루 대신 해조류를 추출하여 가공한 가루를 사용하기도 한다. 메밀가루는 효소의 활성화가 커서 미리 면을 만들어 놓으면 금세 메밀가루 고유의 맛이 없어지고 만다. 그래서 주문 즉시 면을 만들든지 아니면 4°C 정도의 서늘한 공간에서 보관해야 한다.

소바 전문 음식점에서는 100%의 메밀함유량을 자랑하는 '주와리소바'에서부터 1 : 10의 비율을 지닌 '소토이치', 2 : 8의 비율인 '니하치' 등 다양한 종류의 소바가 존재한다. 밀가루가 첨가된 비율만큼 제각기 맛이 다르므로 이를 즐기려는 사람들도 많다. 껍질을 벗긴 배유 부분으로 만든 가루를 1번분이라하며 껍질의 함유량에 따라 2번, 3번분으로 구분한다.

한 그릇에 담긴 슬픈 역사 '베트남 쌀국수'

2000년대 초 국내에 첫선을 보인 베트남 쌀국수는 건강한 음식을 찾는 한국인들에게 많은 사랑을 받으며 굳건히 그 위치를 지키고 있다. '웰빙' 열풍을 타고 낮은 칼로리와 담백한 맛, 여기에 쌀로 만든 국수라는 점이 쌀 문화권인 한국에서 성공의 배경인 된 듯하다. 하지만 이렇게 맛있는 베트남 쌀국수 '포(Pho)'가 전쟁과 분단의 산물이라는 사실을 아는 사람은 그리 많지 않다. 전 세계로 퍼져 나가 세계화에 성공한 쌀국수이지만 그 내면을 자세히 들여다보면 베트남인들의 슬픈 역사가 깃들어 있다.

쌀국수의 정의

베트남은 전 국민의 70% 이상이 농업에 종사하고 있는 대표적인 농업 국가다. 그중에서도 쌀을 경작하기 위한 최적의 자연환경을 갖추고 있어 일 년에 최대 3모작도 가능하다. 이러한 자연환경 때문에 베트남의 한해 쌀 생산량은 베트남 전체 농업 생산량의 절반에 육박한다. 이처럼 풍부한 쌀을 가공하여 만든 음식이 바로 쌀국수다. '포'라고 불리는 쌀국수는 베트남 사람들이 분주한 아침 시간의 간편한 식사 혹은 출출할 때 가볍게 먹을 수 있는 대중적인 음식이다. 쫄깃하게 삶아낸 면발에 쇠고기나 닭 육수는 물론, 신선한 야채를 듬뿍 곁들여 먹는 건강식이다.

쌀국수의 유래

지금은 베트남의 대표 음식이 된 쌀국수의 역사는 의외로 짧다. 지금으로부터 100여 년 전인 19세기 말 방직공업이 번성했던 남딘(Nam Dinh)의 공장에서 일과를 마친 노동자들이 육수에 국수를 말아 먹던 것이 쌀국수의 시초이다. 또 다른 강력한

설은 프랑스의 야채수프인 '뽀오페(Pot au feu)'에서 유래되었다는 것에서 찾아볼 수 있다. 19세기 초 베트남에 소개된 프랑스의 요리 뽀오페가 베트남의 음식재료에 맞게끔 변형되었다는 설이다. 포의 국물을 만들 때 사용되는 구운 양파와 생강이 뽀오페를 만들 때 사용되는 것과 동일하며 베트남 이외의 다른 아시아 국가에서 이러한 조리방법이 발견되지 않는다는 것도 이 설을 지지한다. 또한 예부터 베트남 농경사회에서는 노동력을 중요시하여 소를 신성시하였기 때문에 식용하는 일이 드물었다. 이는 프랑스인들과의 교류를 통해 포가 만들어졌다는 설을 뒷받침한다.

쌀국수의 세계화

쌀국수는 하노이 유역에서 서민들에게 사랑받는 대중 음식으로 자리 잡은 후, 반세기가 넘도록 베트남 북부지역을 대표하는 음식이다. 1950년대에 이르러 남부지방과의 교류가 급속하게 이루어지는 과정을 통해 베트남의 대표 음식으로 한 단계 더 올라서게 된다. 1954년 제네바 협약으로 북부지역은 월맹 공산 정권이 수립되고 프랑스군은 북위 17도선 이남으로 철군하게 된다. 이 당시 남하한 사람 중 상당수는 정치적 신념이나 종교적인 문제 때문에 사이공 등의 대도시 주변이나 해외로 망명을 신청하게 되는데, 이들은 생계를 위해 음식점을 차리거나 포를 등에 메고 다니면서 음식을 팔기 시작하였다. 이렇게 시작된 쌀국수는 짧은 시간 내에 급속도로 남쪽 사람들의 입맛을 사로잡은 것은 물론 전 세계인들의 입맛까지 사로잡게 된다.

쌀국수의 종류

베트남의 쌀국수는 들어가는 재료와 육수의 종류에 따라 수십 가지의 맛으로 나누어지며 지역마다 독특한 특색을 가지고 있다. 기본적으로 쇠고기 육수에 숙주나물과 고수를 얹어 낸 뒤 새콤한 라임즙을 짜 넣어 함께 먹는다.

쌀국수의 맛을 내는 중요한 요소는 바로 육수에 있다. 쌀국수는 소꼬리와 갈비, 사태에 계피, 향료 등을 함께 넣어 오랫동안 우려낸 달콤한 육수에 소고기 편육을 얹어 먹는 소고기 쌀국수인 '포보(Pho bo)', 그리고 닭의 고기와 뼈를 푹 고아서 만든 담백한 닭 국물에 닭살을 찢어 올린 닭 쌀국수인 '포가(Pho ga)' 등 두 가지 종류로 나뉜다. 달고 기름진 음식을 선호하는 베트남 남부 사람들은 '포보'를 즐겨 먹지만 담백한 맛을 즐기는 북부 사람들은 '포가'를 선호하는 등 쌀국수를 통한 지역 간 입맛의 차이를 엿볼 수 있다.

쌀국수의 종류와 조리 방법

남부 쌀국수는 삶은 쌀국수를 대접에 넣고 쪽파, 파슬리, 생 숙주나물, 육계피 등을 얹은 다음 위에 얇게 썬 쇠고기나 닭고기를 얹어 고기뼈로 만든 육수를 부어 먹는다(호찌민 지방의 국수는 약간 가늘고 질기며 중국 국수와 비슷한데 맛이 독특하다).

북부 쌀국수는 포박(Phobac)이라 부르며 좀 더 전통적인 것으로 여긴다. 숙주나 계피를 넣지 않고 육수도 담백하며, 여기에 쇠고기나 닭고기를 동그랗게 만든 고명이나 유부를 넣기도 한다(하노이 지방은 국수 위에 날 쇠고기를 얹기도 한다).

베트남 쌀국수와 태국 쌀국수와의 차이점

베트남과 경계를 이루고 있는 국가인 태국도 쌀국수로 빼놓을 수 없는 나라다. 주식으로 밥을 먹고 있는 태국은 쌀가루로 만든 쿠이티오, 셈미, 카놈친 등의 면이 존재할 정도로 쌀국수를 애용하는 국가이다. 베트남 쌀국수와 태국 쌀국수의 차이는 육수에 있다. 태국은 중국, 인도, 유럽의 음식 문화가 융합, 다양한 향신료가 첨가되어 독특한 향을 낸다. 마늘과 고추는 물론 생선으로 만든 장류(類)인 남플라와 새우, 보리새우를 발효시켜서 만든 된장 같은 가피, 고수, 라임, 코코넛 밀크 등도 들어간다. 그러므로 베트남 쌀국수와 비교하면 자극적이면서 맛이 더 진하고 양념이 강하다.

쌀국수의 주재료인 포

베트남은 남북이 1,600㎞에 이를 정도로 길게 자리를 잡고 있으며 넓은 평야와 중서부의 고원지대를 가지고 있다. 전통적으로 농업을 기본으로 하고 있으며 벼농사를 짓는다. 다양한 기후와 지형으로 일 년에 4모작이 가능한 지역이 있을 정도로 쌀의 생산이 왕성하지만 사실 1980년대까지만 해도 베트남은 쌀 수입국이었다. 사회주의 때문에 쌀의 생산이 부족했기 때문에 외국에서 대량의 쌀을 수입하여 사용했지만 이후 정부의 개방정책으로 개인들이 개별 토지를 보유함에 따라 급격한 쌀의 생산력 향상을 이루었다. 이렇게 잉여 된 쌀로 베트남 사람들이 개발해낸 것이 다름 아닌 '포'다.

베트남의 주식은 기본적으로 쌀이지만 쌀국수인 포 또한 쌀만큼 많이 먹는 음식이다. 포는 쌀가루를 얇게 구워낸 뒤 말려서 가늘게 썰어낸 것으로 시장이나 포장마차 등 베트남의 어디를 가더라도 쉽게 찾아볼 수 있다. 저장과 이동이 쉬워 베트남 전쟁 당시 전쟁식량으로 사용되었다는 일화도 있으며 칼로리가 낮아 다이어트 식품으로도 주목받고 있다. 베트남에는 포 이외에도 다양한 종류의 면들이 있는데 대표적으로 타피오카와 쌀가루를 섞어서 만든 미엔(mien)과 천연 소다수를 섞어 만들어낸 노란색의 미(mi), 그리고 실처럼 가늘지만 단단한 후띠에우(hu tieu) 등이 있다.

오감을 자극하는 양념장

고수냄새가 약간 나기는 하지만 쌀국수 국물을 마시면 끝에서 허브 향기가 입안에 맴돌아 향긋하고 감칠맛도 난다. 끝맛은 개운하고 면발은 부드러우며 야들야들하다. 다양한 양념장을 첨가해서 먹으면 담백한 맛부터 얼큰한 맛까지 다양하게 즐길 수 있다. 처음 먹는 사람이라면 대표적인 면 요리인 라면, 국수, 우동의 맛 외에 새로운 맛을 느낄 수 있다.

은은한 향, 실란트로

중국에선 향채, 우리나라에서는 고수라고 부르는 허브 '실란트로'는 음식을 돋보이게 하는 은은한 향이 있다. 고수는 처음 쌀국수를 접하는 우리나라 사람들에게는 조금 역한 느낌을 들게 하는 향신료다. 그래서 처음 먹을 때는 고수를 빼고 먹지만 점차 그 맛에 익숙해지면 베트남 쌀국수 본연의 맛을 느낄 수 있게 된다. 보통 우리나라의 베트남 음식점에서는 한국 사람들의 입맛에 맞게 만들기 때문에 무리 없이 먹을 수 있다.

Tip) 쌀국수 더 맛있게 먹는 법!

1. 생숙주는 국수를 받자마자 면 아래로 넣어 숨을 죽인다.
2. 레몬은 국수 위에서 충분히 즙을 낸다.
3. 칠리소스와 해선장을 3 : 1 비율로 뿌려서 먹으면 더욱 얼큰한 맛을 느낄 수 있다.
4. 고기는 칠리소스와 해선장을 3 : 1 비율로 종지에 담아 찍어 먹으면 맛있다.
5. 절인 양파에 칠리소스를 적당량 넣어 버무려 먹으면 쌀국수와 조화롭게 먹을 수 있다.

같은 듯 비슷한 듯 동남아 면 요리

말레이시아 대표 '미고랭(mi goreng)'

미고랭은 면을 의미하는 '미(mee)'와 볶음을 나타내는 '고랭

(goreag)'이 합쳐진 단어인데 말레이시아의 전통 요리로 다양한 종류의 채소와 해산물, 달걀 등을 넣고 볶아낸 면 요리다. '미'는 노란빛의 면으로 달걀을 넣어 반

볶음면

죽한 뒤 뽑아낸 국수이다. 동남아시아의 여러 국가에서 쉽게 찾아볼 수 있으며 주로 즉석 라면이나 볶음면으로 이용한다. 말레이시아의 '미'는 다른 동남아 지역의 면보다 좀 더 굵고 두툼한 것이 특징이며 다양한 요리에 활용한다. 보통 요리를 할 때는 튀겨놓은 면을 데쳐낸 뒤 사용한다. 미고랭을 만들기 위해서는 먼저 달군 팬에 기름을 두른 뒤 달걀을 볶아준다. 여기에 미리 볶아놓은 채소와 고기를 넣고 함께 볶고 데쳐낸 면을 넣어 재빨리 볶다 양념을 넣고 한 번 더 볶은 뒤 마무리한다.

말레이시아의 면 요리 '차콰이테우'

'차이콰테우'는 '차(볶음 요리)'와 '콰이테우(칼국수와 흡사한 넓은 면의 종류)'가 합쳐진 단어로 말레이시아의 대표적인 면 요리다. 이 음식은 말레이시아뿐만 아니라 싱가포르 사람들도 즐겨 먹는다. 차이콰테우 또한 조리법이 간단한데 센 불에 기름을 두른 뒤 고기와 새우살, 조갯살, 달걀, 매운 고추 그리고 숙주나물을 넣어 재빨리 볶아내면 된다. 보통 길거리 포장마차나 시

장에서 판매하며 값이 싸서 많은 사람이 즐겨 찾는 음식이다.

라오스식 칼국수 '카우삐악센'

생김새부터가 한국의 칼국수와 흡사한 '카우삐악센'은 일명 라오스식 칼국수 요리로 '카우삐악'은 국수와 죽 등의 요리를 모두 일컫는 말이다. 이 때문에 국수는 '카우삐악센', 죽은 '카우삐악카우'로 구분된다. 대부분 라오스 요리가 맵고 짠맛이 강한 것과 비교하면 카우삐악센은 자극적인 맛이 덜하므로 한국 사람들의 입맛에도 잘 어울린다. 넓은 면발의 쌀국수는 부드럽고 쫄깃쫄깃한 맛을 살려내며 면을 다 먹고 난 뒤에는 한국처럼 밥을 말아서 먹기도 한다.

싱가포르의 짜장면 '호끼엔미'

싱가포르나 말레이 반도에서 찾아볼 수 있는 '호끼엔미'는 일명 중국식 짜장면이다. 이 지역의 시장을 거닐다 보면 쉽게 접할 수 있는 음식으로 많은 사람이 한 끼 식사로 즐겨 먹는 대중적인 면 요리다. 한국의 짜장면과 달리 기름과 고기의 사용이 많으며 돼지의 곱창이나 내장 또는 간을 넣어서 볶아낼 때도 있다. 일부 지역에서는 고춧가루를 넣어 먹기도 한다.

한중일 삼국의 짬뽕이야기

짬뽕은 해물과 돼지고기를 볶다 야채를 곁들인 뒤 육수를

얼큰한 맛이 일품인 짬뽕

넣어 끓여낸 요리로 중국에서는 초마면(炒馬麵, chaomamian)이라 부른다. 하지만 현재 중국에서 이 초마면을 찾아보기란 어렵다. 짬뽕의 유래는 아직 정확하게 알려지지 않았지만 다음과 같이 몇 가지로 추측해 볼 수 있다. 먼저 일본어인 '잔폰(ちゃんぽん)'에서 유래되었다는 설로 19세기 말 나가사키(長崎)의 푸젠성(福建省) 출신 화교들의 영향을 받았다는 설이다. 일부에서는 나가사키 항에서 부두 용역을 맡던 사람들이 아침인사로 '샤뽕(식사하셨나요?: '밥을 먹다'는 '츠판'(吃飯)의 사투리)'이라고 한 것이 짬뽕으로 유래되었다는 설도 있다. 이와 달리 산둥성(山東省) 출신의 중국인들이 많이 모여 있던 한국의 제물포항에서 유래되었다는 설도 있다. 이는 그 당시 한국과 중국 그리고 일본이 동시대에 비교적 비슷한 문화적 교류가 있었다는 것으로 이해할 수 있으며 이후 각 나라에 맞게끔 변형되었다. 나가사키 지방에

자리 잡은 잔폰은 일본인들이 즐겨 먹은 담백한 국물로 변형된 후 지금까지 이어져 오고 있으며 제물포항에서 유행하였던 짬뽕은 고춧가루나 고추기름을 넣어 한국인들이 사랑하는 얼큰한 맛으로 변형되었다.

파스타(Pasta)

다양한 재료가 어우러져 한 접시에 담기는 파스타(pasta)는 전 세계적으로 대단히 인기 있는 음식이다. 파스타는 쉽고 빠르게 만들 수 있는 음식으로 탄수화물, 단백질, 비타민, 미네랄을 모두 갖춘 건강식이다. 재료와 종류에 따라 160여 가지 면의 형태에 따라 600가지가 넘을 정도로 파스타의 종류는 매우 다양하다. 이탈리아에서는 파스타를 정찬 메뉴의 한 부분인 프리모 피아또(Primo Piatto)로서 코스 요리 중 한 순서로 먹는다. 그래서 1인분에 50g 정도의 소량으로 섭취하지만 한 끼 식사의 대용으로 먹는 한국에서는 1인분에 110~120g 분량의 양으로 섭취한다. 이탈리아 사람들이 즐겨먹는 파스타는 '파스타(pasta)' + '물기가 없다(ascitto)'의 합성어인 '파스타 앗슈타(pasta asciutto)'라고 불릴 정도로 국물이 없는 파스타로 통용되며 이탈리아 사람들의 식탁에 오르는 파스타에는 소스와 면이 진득하게 버무려져 있다.

파스타의 정의

파스타는 이탈리아어의 '암파스타레(impastare) = 반죽하다'가 어원으로 밀가루와 달걀만으로 반죽한 면의 총칭이다. 파스타에는 대부분 글루텐(곡류에 포함된 불용성 단백질)이 많이 들어 있는 듀럼밀(경질밀)의 배아를 갈아서 만든 세몰리나를 이용해 만든다. 파스타의 종류는 200여 가지나 될 정도로 다양하다. 면은 젖은 상태인 생(生) 파스타와 마른 상태인 건조 파스타로 나누며 면의 형태 면으로는 크게 롱(long) 파스타, 쇼트(short) 파스타로 나눌 수 있다. 롱 파스타에는 스파게티(Spaghetti), 링귀니(Linguine), 페델리니(Fedelini), 카펠리니(Capellini), 탈리아텔레(Tagliatelle), 라자냐(Lasagna) 등이 있고 쇼트 파스타에는 리가토니(Rigatoni), 펜네(Penne), 로텔레(Rotelle), 푸질리, 마카로니, 파르팔레(Farfalle) 등이 속한다.

이탈리아어로 모든 파스타 종류의 이름은 복수형이다. 이탈리아 파스타의 이름을 보면 종종 마지막에 남성 복수 접미사인 '-elli, -illi, -etti' 혹은 여성 복수형인 '-ine, -elle' 등을 사용한다. '-oni'는 little를, '-one'는 large를 의미한다. '-otti(largish)' 혹은 '-acci(나쁘게 만들어진)'과 같은 접미사들도 볼 수 있다.

파스타의 기원

중국은 기원전 3000년경에 이미 국수 형태의 음식을 만들어 먹었다고 전해져 내려온다. 파스타의 기원으로 마르코 폴로의 동방견문록에서는 원나라 황제인 쿠빌라이칸의 궁에서 파스타를 먹는 것을 보고 1295년경 유럽으로 가져왔다고 기록하고 있다. 하지만 그 후 제노바에서 폰지오 바스토네(Ponzio Bastone)라는 사람이 마카로니가 가득 들어있는 나무상자를 유산으로 남긴 기록이 발견됨으로써 또 다른 견해가 제시된다. 이탈리아 에투르스칸족의 무덤에서는 파스타를 만들었던 기구와 파스타 조각이 발굴되었는데 이것은 기원전 4세기의 것이었다. 따라서 에투르스칸족은 그 당시 이미 밀의 비슷한 곡물을 이용해 파스타를 만들었던 것으로 추측되고 있다.

고대 로마인들 역시 이미 기원전 4세기에 파스타를 만들어 먹기 시작하였다. 물과 소금, 밀가루를 사용해서 만든 반죽으로 라가네(Lagane)라 불리는 라자냐와 비슷한 음식을 만들어 먹었는데 이 시대의 유명한 미식가인 아피기우스(Apicius)가 자신의 요리책에서 이 요리에 대해 언급한 바 있다. 또 1세기에 마르티노 코르노(Martino corno)가 쓴 책 『De arte Coquinaria per vermicelli e maccaroni siciliani(시칠리아식 마카로니와 베르미첼리 요리)』에는 최초의 파스타 조리법이 기록되어 있다.

파스타의 보급

현재의 가느다란 모습을 가진 파스타는 아라비아 상인들이 고안해 낸 것으로 알려졌다. 사막을 횡단하는 동안 오랜 기간 운반과 저장이 쉬운 음식이 필요했고, 그러던 차에 그들은 건조 파스타를 개발해 낸다. 밀가루와 물, 소금을 넣고 만든 반죽을 얇게 밀어서 건조하는 방법은 11세기경 아라비아 상인들이 시칠리아로 건너오면서부터 이탈리아에도 본격적으로 전해졌다.

파스타의 수요가 갈수록 늘어남에 따라 14세기 이후 파스타는 본격적으로 상업화되기 시작한다. 이탈리아 리구리아주에서는 파스타의 균일한 품질 관리를 위해 일명 '파스타 조합'이 설립되기도 했다. 각 지방에서는 손으로 파스타를 만들어 소량 생산하였으나 1500년대가 지나면서부터 기계를 이용하여 파스타를 만들 수 있게 되었다.

17세기 이후 파스타는 이탈리아를 거쳐 유럽 전 지역으로 퍼져 나갔으며 이후 미국 대통령인 토머스 제퍼슨의 유럽 방문을 계기로 미국으로 건너가게 된다. 19세기 말에는 이탈리아인들의 이민이 급증하여 미국 본토에서 파스타를 대량 수입하게 되었으며 이를 계기로 미국 내에 본격적으로 듀럼밀(경질밀)을 생산하기 시작, 현재는 이탈리아에 이어 세계 제2의 파스타 생산 국가가 되었다.

전 세계적인 인기를 끌고 있는 파스타는 이탈리아의 토마토와 올리브유를 만나면서 그 소비가 더 증대했다. 최근 들어 미국 농업연구청(USDA, United States Department of Agriculture)에서 파스타를 건강 음식으로 꼽을 정도로 비만과 성인병 예방에 좋은 음식으로 인정받고 있으며, 최근 웰빙의 바람을 타고 사람들이 이탈리아식 파스타를 '건강한 음식'의 모델로 삼아 '지중해식 식생활'에 많은 관심을 보이고 있다.

봉골레 파스타(Vongole Pasta)

봉골레(Vongole)는 조개를 뜻하는 이탈리아어다. 조개 국물을 기본으로 만들어내는 조개 소스와 깔끔하고 담백한 맛이 인상적인 봉골레 파스타는 이탈리아에서 인기 있는 파스타 중 하나다. 올리브유를 두른 팬에 마늘과 조개를 넣고 충분히 볶다 적당히 익었을 때 면을 볶아내면 되는 간단한 요리다. 토마토 소스나 크림소스를 넣고 간을 하는 것이 아닌 재료라고는 달랑 조개만 사용하여 만들어 내기 때문에 때로는 밀가루 맛만 느껴지는 끔찍한 요리가 되기도 하며, 성의가 없으면 해감이 덜된 조개의 모래를 씹을 수도 있다. 이처럼 단순해 보이는 봉골레 파스타는 요리를 만드는 사람의 정성이 가득 담긴 사랑스러운 파스타인 것이다.

봉골레 파스타의 정의

해안지역인 베네치아 지방에서 유명한 봉골레 파스타는 과거부터 바지락, 모시조개, 백합 등 바다에서 공수되는 다양한 조개를 이용하여 만들어졌다. 그래서 조개의 생산량이 풍부한 한국에서도 쉽고 맛있게 만들 수 있는 파스타가 바로 봉골레다. 봉골레 파스타는 항구지방에 사는 어부들의 든든한 한 끼 식사였다. 스파게티 면을 삶은 뒤 치즈를 얹어 먹던 것에 지루함을 느꼈던 어부들은 어느 날 갓 잡아온 신선한 조개들을 넣고 요리를 시작하였으며 그 후 현재의 담백하고 깨끗한 맛의 봉골레 파스타가 탄생하였다.

봉골레 파스타의 이용

한국에서는 대부분 스파게티 면을 사용하지만 봉골레 파스타는 두꺼운 면인 링귀니로 먹어야 제맛이다. 신선한 조개와 올리브유 그리고 경우에 따라서는 매콤한 고추를 첨가하여 조개 육수와 어우러져 맛을 낸다. 다른 파스타와 비교하면 맛이 깔끔하고 담백해서 이탈리아 현지에서도 한 끼 식사로 대용하는 경우가 대부분이다. 깔끔한 맛을 강조해야 하므로 너무 강한 맛이 나는 조개는 피해야 하며 큰 조개보다는 작은 조개의 사용이 더 좋은 맛을 낸다. 또한 바지락이나 모시조개 또는 동죽조개를 사용하여 미리 육수를 끓여 놓은 뒤 사용하면 한층 더 깊은 맛의 봉골레 파스타를 완성할 수 있다.

맛있는 봉골레를 위한 Tip!

봉골레 스파게티 최고의 맛은 가장 신선한 조개를 공수할 수 있느냐 없느냐에 따라 좌우한다. 신선한 조개를 공수하였으면 그 다음 할 일은 해감이다. 깨끗하게 씻은 조개는 4~6% 염분을 유지한 소금물에 하룻밤 정도 담가 놓는다. 조개를 해감하지 않으면 조리과정시 불순물이 나올 수 있으며 바닷물이 아닌 민물에 씻으면 조개가 가진 영양분이 녹아 없어져 버리기 때문에 반드시 바닷물의 염도를 유지하여 어두운 곳에서 해감해야 한다. 해감시에는 숟가락과 같은 철류의 식기를 함께 넣어두면 해감을 더욱 용이하게 만들어 준다.

그 뒤 화이트 와인을 넣고 조개를 볶다 입이 벌어지는 순간

과 함께 볶아낸다. 화이트 와인을 넉넉히 뿌려줘야만 조개
속으로 와인이 들어와 육즙이 흥건하게 배어 나온다. 너무 오
래 조리하지 않는 것도 맛의 포인트. 조개를 너무 오래 삶으면
맛이 질겨지고 진해져 전체적으로 느끼한 맛을 만들어 낸다.

파스타는 살찌는 음식?

'밀가루 음식 = 살찌는 음식'이라는 오명을 사게 된 것은 라
면, 짜장면, 빵, 과자 등의 밀가루 음식들이 당 지수가 높아 우
리 몸에 지방으로 빠르게 흡수될 뿐만 아니라 이런 음식에 첨
가된 각종 기름과 설탕 등의 고열량 지방 때문이다.

하지만 파스타는 다르다. 밀가루라고 해서 다 같은 밀가루가
아니기 때문이다. 파스타를 이루는 밀가루는 천천히 소화 · 흡
수되는 음식이다. 파스타에는 일반 밀가루 외에도 메밀가루나
콩 가루, 보릿가루 등 다른 곡식분이 많이 함유되어 있다. 물
론 이것 역시 고탄수화물 식품이기는 하지만 파스타의 전분은
불용성 단백질인 글루텐으로 형성된 일종의 그물에 갇혀 있는
형태를 띠고 있다. 따라서 소화흡수가 빠른 다른 전분 음식과
는 달리 천천히 분해되어 흡수된다. 즉, 소화흡수가 빨라 칼로
리가 지방이 되어 체내에 축적되기 쉬운 패스트푸드와는 달리
천천히 흡수되는 파스타는 칼로리가 완전 연소하기 쉽고 체내
에 여분의 지방이 축적되는 것을 막는다. 파스타를 이탈리아의
'슬로우 푸드'라고 부르는 이유도 바로 이 때문이다.

세기의 파스타 매니아들

"내 몸매는 파스타로 만들어 졌어요."
        – 이탈리아의 유명 여배우 소피아 로렌

이탈리아의 세계적인 여배우 소피아 로렌은 파스타에 관한 책을 직접 쓸 정도로 파스타 마니아였다. 그녀는 자신의 몸매 관리를 파스타로 한다고 말할 정도로 파스타 사랑이 애틋했다. 그중에서도 그녀가 특히 즐겨 먹던 파스타는 '봉골레 파스타'다. 깔끔하고 담백한 국물이 곁들여진 봉골레 파스타 맛에 반한 그녀의 집 냉장고에는 항상 조개가 가득했다고 전해진다. 소피아 로렌 이외에도 수많은 세계 유명인들이 파스타 마니아를 자청하였는데 그중에서도 파스타와 피자광으로 알려진 나폴리 왕국의 왕 페르디난도 2세는 1833년 최초의 파스타 생산 공장 취임식에 참석했을 정도로 파스타를 좋아했던 사람이었으며 파스타 산업의 발달에도 한몫했던 인물이었다. 또한 '삼총사'의 작가 알렉산드르 뒤마는 나폴리의 먹거리에 관심이 많았는데 특히 파스타를 좋아했다고 한다. 18세기 후반 이탈리아를 여행했던 괴테도 나폴리의 파스타를 맛본 후 그 이야기를 남겼고 세기의 바람둥이 카사노바 역시 파스타 광으로 알려졌다. 위대한 작곡가 로시니는 파리에 있을 때 파스타를 그리워하며 이탈리아의 친구에게 편지를 쓸 정도였으며 토머스 제퍼슨 미국 대통령은 유럽을 방문했을 때 대접받은 파스타에 반해 파스타를 수입하기 시작했다고 한다.

파스타는 손으로 먹는 음식?

17세기 압착기의 출현으로 오늘날과 같이 파스타를 압착하는 방법이 개발되어 그 생산이 쉬워졌지만 여전히 압착기는 사람이 직접 힘으로 움직여야 했으며 반죽 또한 사람들이 긴 의자에 앉아 발을 이용해 주물러 섞어야 했다. 당시 나폴리의 왕이었던 페르디난도 2세는 이러한 방법에 불만을 느끼고 유명한 기술자 체자레 스파다치니를 고용하여 제조 과정을 향상하라고 일렀다. 이렇게 하여 갈아놓은 밀가루에 뜨거운 물을 붓고 증기기관이나 전동기를 작동시켜 반죽하는 기계가 만들어졌다. 파스타 제조의 마지막 단계인 건조 과정은 여전히 기계를 이용하는 것이 아니라 자연적으로 건조하는 방법이었지만 이러한 기술적인 발전으로 파스타는 대중적인 인기를 얻게 되었다.

당시 파스타는 서민적 음식으로 귀족이나 왕의 식탁에 오르지 못했다. 16세기 이전 사케티의 소설에 마케로니를 감는 포크가 등장하기는 하지만 아직 포크가 완전히 개발되지 않았던 시기라 손으로 파스타를 먹어야 했기 때문이었다. 또 파스타는 거리에 있는 수레에서 판매되었으므로 이런 파스타를 먹는 것은 권위의 상징인 귀족들로는 상상도 할 수 없는 일이었다. 하지만 페르디난도 2세의 시종 젠나로 스파다치니가 포크를 발명함으로써 파스타는 그 지위가 한층 상승하였다.

스파게티(Spaghetti)

　길게 늘어진 모습이 마치 국수의 모습과 흡사해 한국 사람들에게 더 친숙하게 다가오는 '스파게티(Spaghetti)'. 어쩌면 우리나라 사람들에게 스파게티는 파스타보다 더 익숙하게 다가올 수도 있다. 소위 파스타를 즐겨 먹는 사람들도 파스타와 스파게티를 구분하지 못하는 경우가 많은데 스파게티는 파스타의 한 종류로 얇고 긴 모양을 가진 면의 이름이다. 스파게티의 어원은 스파고(Spago)로, 이탈리아어로 '실'이라는 뜻인데 실처럼 가늘고 길게 생긴 면이 모여 있다는 의미로 스파게티라는 이름이 생긴 것이다.

스파게티의 역사

　스파게티는 1824년 '안토니오 비비아나'라는 사람이 쓴 '나폴리의 마케로니'라는 제목의 시에서 그 유래를 찾아볼 수 있다. 그전까지만 하더라도 스파게티는 모두 파스타를 일컫는 '마케로니' 혹은 '베르미첼리(Vermicelli)'라고 불렸다. 스파게티의 초기 단계는 나폴리에서 만들어졌으며 현재의 스파게티의 두께와 비슷한 얇고 가는 것이었다. 시간이 지나면서 스파게티가 이탈리아 북부 지역으로 이동하게 되었고, 두꺼운 면발을 선호하는 북부인들의 기호에 맞게 점차 두꺼워지기 시작하였다. 해산물이 풍부한 남부지역 사람들의 입맛이 깔끔하고 간을 싱겁게 하였다면 산악지대로 이루어진 북부지대에 거주하는 사람들은 간이 다소 짠 음식을 선호하였기에 진한 소스를 사용하였고 소스의 맛을 충분히 흡수하기 위해 오늘날과 비슷한 두께 (1.8~2.0mm)로 변하게 되었다.

스파게티의 이용

처음 파스타를 먹었던 르네상스 시대만 하더라도 연질 밀(부드러운 밀)과 경질 밀(단단한 밀)을 적당한 비율로 섞어 면을 만들었다. 하지만 그 당시 사람들은 면을 1~2시간 정도 푹 삶아서 먹을 정도로 퍼진 상태의 면을 선호하였기에 시장에는 자연스레 경질 밀만으로 제조된 밀이 주를 이루게 되었다. 스파게티는 100% 경질 밀만을 이용하여 만들어졌으며 끓는 물에서 건져 낸 뒤에도 잘 퍼지지 않는다는 특징이 있다.

스파게티와 비슷한 면으로는 스파게티 베르미첼리(spaghetti vermicelli)나 스파게티니(spaghettini)가 있다. 스파게티 베르미첼리는 스파게티와 비슷한 이름과 생김새를 가진 파스타이며 시칠리아에서 처음 시작되었고 스파게티보다 좀 더 가는 것이 특징이다. 스파게티니는 스파게티보다 한 단계 더 가는 면으로 조리 시간이 짧아 최근 들어 많이 사용하고 있다.

스파게티와 최고의 궁합은 '토마토소스'

사람들이 스파게티를 생각하면 가장 먼저 '빨간 소스에 버무려진 음식'을 생각할 정도로 스파게티에서 토마토소스는 빼놓을 수 없는 재료다. 이처럼 토마토는 스파게티와 최고의 궁합을 자랑하는 음식이자 이탈리아의 모든 음식에 고르게 사용되는 음식재료다. 토마토를 기본으로 해서 만들어낸 다양한 종류의 소스들은 한국인들의 입맛에도 잘 어울려 많은 사람에게 사랑을 받고 있다. 하지만 빨간 스파게티의 상징이 된 토마토가 파스타에 사용하기 시작한 것은 그리 오래된 일이 아니다. 17세기 초, 토마토가 이탈리아로 들어왔지만 사람들에게 우호적이진 못하였다. 토마토는 신세계를 정복한 정복자들로부터 전해졌는데 처음 이탈리아로 들여왔을 당시 관상용으로 취급되었으며 심지어 어느 지방에서는 토마토에 심각한 질병을 일으키는 독성이 있다고 알려져 식용이 금지되었을 정도로 사람들에게 호감을 얻지 못하였다.

1800년대가 되면서부터 토마토를 활용한 파스타 요리가 등장했다. 1778년 빈첸조 코라도는 그의 저서 『Cuoco galante(The gentlemen's chef)』에서 최초로 토마토소스를 언급하였다. 기존의 파스타는 질 좋은 올리브유를 사용하여 볶아내거나 혹은 치즈를 곁들여 먹는 형태가 대부분이었지만 토마토를 활용하게 되면서부터 무한한 변신이 시작되었다. 토마토에 소스와 바질 잎을 넣고 끓여서 만든 토마토소스는 이탈리아 남부 나폴리 지방에서부터 사용하기 시작하였다. 토마토소스를 넣어 만든 스파게티 알 포모도르(spaghetti al pomodoro)는 나폴리를 대표하는 음식으로 자리를 잡았고 토마토소스와의 만남 덕분에 이탈리아의 파스타 요리는 더욱 다양해졌으며 그들의 식생활에도 커다란 변화를 가져왔다.

포크와 스푼을 동시에?

뜨거운 김이 솟아오르는 스파게티를 먹는 것은 생각만으로도 황홀하다. 하지만 처음 스파게티를 접할 때만 하더라도 많은 사람은 어떻게 스파게티를 먹어야 할지 당혹스러웠다. 포크만을 사용하여 스파게티를 먹다 보면 자연스레 고개를 숙여야 했는데 이탈리아를 제외한 유럽 국가의 사람들은 식사 시 고개를 숙이는 것을 좋게 생각하지 않았다. 특히 대화를 중요시하는 유럽의 식사문화에서는 한참이나 머리를 숙이고 식사를 해야 하는 스파게티 때문에 골머리를 앓았다. 그래서 일부 국가에서는 이를 만회하고자 스푼을 이용하여 스파게티 먹는 것을 도왔고 그 후 여러 국가에서 포크와 스푼을 동시에 사용하는 식사 예절이 자리 잡게 되었다. 하지만 이탈리아 현지에서는 스파게티를 먹을 때 스푼은 전혀 사용하지 않은 채 포크만으로 돌돌 말아 식사를 하며 포크를 사용하기 어려운 어린아이들이나 남부 지역에서 스푼을 사용하는 것을 가끔 볼 수 있다.

카르보나라(Carbonara)

대식가로 알려진 이탈리아 사람들도 점심은 간단하게 파스타 한 접시를 먹는 것이 일반적이다. 레스토랑에 들어서면 여러 종류의 파스타가 적혀 있지만 이탈리아 어느 곳을 가더라도 메뉴에서 빠지지 않는 것이 바로 카르보나라(Carbonara)다. 카르보나라는 토마토소스, 오일 파스타와 더불어 크림 파스타의 기본이라고 할 만큼 대중적인 인기를 지니고 있는 파스타다. 크림소스로 만든 파스타 요리 중 가장 많이 알려진 카르보나라는 베이컨, 치즈, 달걀노른자를 이용하여 만들어내기 때문에 부드러운 맛이 인상적이다.

카르보나라란?

이탈리아어로 'Carbone'는 '석탄'이라는 의미로 카르보나라는 중부 이탈리아에 있는 라치오 지방의 음식이다. 원래는 아페니니 산맥에서 석탄을 캐던 광부들이 오랫동안 보존할 수 있도록 소금에 절인 고기와 달걀만으로 만들어 먹기 시작한 것이 시초다. 광부들이 이 음식을 먹다가 몸에 붙어 있던 석탄가루가 접시에 떨어진 것에 착안, 굵게 으깬 통후추 가루를 뿌려 먹게 되었다는 재미있는 유래가 있다.

한국과 이탈리아의 카르보나라는 다르다?

전통적인 이탈리아 방식의 카르보나라와 한국에서 쉽게 볼 수 있는 카르보나라는 맛과 모양이 다르다. 한국에서는 생크림을 듬뿍 넣어 걸쭉하게 만들지만 이탈리아의 로마식 카르보나라 소스는 생크림은 전혀 사용하지 않는다. 판체타(이탈리아식 햄)나 달걀노른자, 치즈가루만을 사용하여 만들어 내기 때문에 진한 노란빛을 띤다. 전통 방식의 카르보나라에는 판체타가 아닌 구안찰레(guanciale)를 사용하는데, 돼지의 뺨과 목살 부위를 이용하여 만드는 햄인 구안찰레를 바삭하게 구워 면과 함께 내어 놓는다. 여기에 페코리노 로마노(pecorino romano)라는 로마의 전통 양젖 치즈를 사용한다. 페코리노 치즈를 넣고 구안찰레를 얹은 카르보나라를 '정통 카르보나라'라고 지칭할 수 있는데 느끼하지 않고 고소하며 담백한 맛이 일품이다.

한국식으로 크림을 넣고 걸쭉하게 만든 카르보나라는 이탈리아에서 전파된 것이 아니라 제2차 세계대전 이후 미국에서 시작된 변형된 형태다. 제2차 대전 이후 많은 이탈리아 사람들이 미국으로 이주해갔는데 그 후 미국사람들의 입맛에 맞게 변형되었고 시간이 지나면서 한국으로 들어오게 되었다. 한국에서는 크림과 우유를 넉넉하게 넣고 끓여내다 파마산이라고 부르는 파르미자노(parmigiano) 치즈를 넣고 졸여낸다.

맛있는 카르보나라를 만들 수 있는 비법

모든 파스타가 그렇겠지만 특히 카르보나라는 최대한 심플하게 기본에 충실한 재료로 만드는 것이 최상의 맛을 내는 비결이다. 카르보나라는 라찌오(Lazio) 지역에서 유래된 파스타로 전통적인 카르보나라에는 몇 가지 필수적인 재료와 독특한 조리법이 사용된다. 한국에서는 같은 재료를 찾기 어렵지만, 조리법을 설명하자면 무엇보다 돼지의 볼살 부위를 염장해 만든 구안찰레와 진한 풍미의 양젖 치즈가 필요하다. 또한 생크림 대신 동일한 양의 파스타 삶은 물에 달걀노른자, 양젖 치즈 그리고 후추를 넣어 녹인 다음 소스를 사용한다. 달걀노른자가 완전히 굳지 않게 조리해내야만 비린내가 나지 않는다.

달걀을 풀 때 소금을 넣는 이유는 간을 한다기보다 흰자의 알부민에 작용하여 좀 더 잘 풀어지도록 하기 위해서다. 삶은 면과 구안찰레 햄 그리고 양유 치즈에 충분히 간이 되어 있으므로 그 점을 고려한다. 면은 알덴테가 아니라 완전히 익은 상태라도 괜찮다. 파스타를 둘러싼 크리미한 카르보나라 소스와 면의 질감을 맞추는 것이기 때문이다.

도대체 왜 알덴테(Al dente)인가?

이탈리아 요리 서적을 보다 보면 파스타는 '알 덴테(채소나 파스타류의 맛을 볼 때 이로 끊어 보아서 너무 부드럽지도 않고 과다하게 조리되어 물컹거리지도 않아 약간의 저항력을 가지고 있어 씹는 촉감이 느껴지는 것)로 삶으라'는 표현을 자주 볼 볼 수 있는데, 파스타는 그만큼 씹히는 맛이 중요하다. 파스타뿐만 아니라 리소토에 들어간 쌀 역시 알덴테로 익혀낼 정도로 알덴테를 강조하는 이탈리아 사람들이 처음부터 알덴테 상태를 선호했던 것은 아니다. 실제로 중세에는 파스타를 한두 시간 동안 푹 삶아서 먹곤 하였다.

유명한 미식가 아르투시는 그의 저서에서 '살짝 삶는 파스타'를 소개하였는데 이는 당시에 대단히 새로운 조리 방법이었다. 이후 그가 말한 살짝 익혀 먹기 시작한 파스타는 나폴리 사람들에 의해 유행하기 시작했다. 19세기 나폴리 사람들은 '파스타는 네르보(nervo: 조직)가 유지되어야 한다'고 말할 정도로 알덴테를 선호하였으며 제1차 세계대전 이후 유럽 국가와 일부 지역에서 생파스타보다 건파스타를 먼저 접한 후 살짝 삶는 나폴리 스타일의 파스타를 먹게 되면서 일반적으로 알덴테라는 말이 쓰이게 되었다.

마카로니(Macaroni)

이탈리안 파스타는 우리에게 친근한 스파게티를 비롯해 일일이 열거할 수 없을 정도로 종류가 많다. 이렇게 수많은 종류의 파스타들은 제각기 모양에 어울리는 이름과 재미난 사연들을 지니고 있다. 파스타는 생긴 모양에 따라, 재료에 따라 부르는 이름도 다양하다. 그중에서도 얇고 긴 튜브를 잘라놓은 듯한 모습의 구불거리는 마카로니는 우리에게는 약간 생소하지만 이탈리아 사람들의 식탁에서 자주 찾아볼 수 있는 인기 있는 파스타다.

마카로니의 정의

4mm 정도의 지름에 구불구불한 짧은 튜브 모양의 파스타를 마카로니라고 한다. 지금은 마카로나는 말이 특정한 파스타를 가리키는 말이 되었지만 과거에는 파스타가 길거나 혹은 짧거나 구멍의 유무를 모두 통틀어 마케로니(Maccheroni)라고 불렀다. 즉 제노바식 라비올리, 스파게티 알리오 올리오가 아니라 로마식 마케로니, 베네치아식 마케로니라는 이름으로 불렸다. 이러한 영향은 지금도 남아 있는데 이탈리아의 남부지역을 여행하다 보면 길고 얇은 두께의 파스타를 마케로니라고 부른다.

마카로니의 유래

르네상스 시대 최고의 요리사 마르티노 다 코모가 쓴 요리책『Livro de arte coquinaria(The art of cooking)』는 15세기 이탈리아 조리법 전집 중 가장 중요하게 평가받고 있는 책이다. 이 책은 그 당시 이탈리아의 음식문화 전반에 걸쳐 영향을 끼쳤을 정도로 이탈리아 사람들은 그의 책을 중요하게 여겼다. 그의 책을 살펴보면 마카로니는 시칠리아 섬사람들 최고의 발명품이라고 기재되어 있다.

마르코 폴로가 중국에서 파스타를 들여왔다는 이야기가 전해져 내려오지만 대부분 역사가는 이 사실을 신뢰하지 않는다. 당시 중국에서는 폭이 넓고 납작한 파스타를 만들어 먹었지만 마카로니는 마르코 폴로가 이탈리아로 돌아오기 전인 13세기에 이미 사용되는 말이었다. 시칠리아 지역은 물론 남부의 나폴리 지역까지 널리 사용하는 용어였으며 이를 토대로 시칠리아 사람들은 여전히 마카로니의 기원은 시칠리아 지방이라고 주장한다.

마카로니 만드는 방법

마카로니를 만드는 방법은 일반 파스타를 만드는 방법과는 조금 다르다. 먼저 질 좋은 밀가루를 달걀흰자 한 개와 물을 수어 혼합한다. 이렇게 걸쭉하게 만들어낸 반죽을 손바닥 폭 정도의 길이에 빨대 정도 두께의 작고 둥근 막대 모양으로 돌돌 만다. 이것을 탁자 위에 올려놓고 손바닥 폭 길이에 가는 밧줄 두께의 쇠막대로 돌돌 굴린 다음 쇠막대기를 빼면 속이 빈 마카로니가 된다. 이렇게 만들어진 마카로니는 햇볕에서 말리며 일단 한번 건조하면 2년에서 3년은 보관할 수 있다.

마카로니의 이용

마카로니를 이용하는 어떠한 요리든 꼭 거쳐야 하는 조리과정은 끓는 물에 15~20분간 충분히 삶아 내야 한다는 점이다. 요리하기 전 충분한 시간을 두고 삶아내야 말랑말랑해지며 특유의 탄력 넘치는 맛을 느낄 수 있다. 이렇게 잘 삶아낸 마카로니는 물기를 완전히 뺀 뒤 액상 버터나 순한 향신료들과 섞는 등 다른 재료들과 섞어 요리를 완성한다. 마카로니는 그 자체로 먹기보다는 주로 샐러드나 수프에 사용한다.

마카로니 요리는 요리방법에 따라 삶은(boiled) 마카로니와 구운(baked) 마카로니로 나눌 수 있다. 삶아낸 마카로니는 버섯, 야채류를 곁들인 뒤 마요네즈 소스나 토마토소스를 버무려 샐러드를 만들어낼 수 있으며 구운 마카로니는 양파, 우유, 크림 등을 넣고 간을 한 뒤 오븐 그릇에 담아 치즈와 빵가루 등으로 덮어 오븐에서 구워낼 수도 있다.

긴 파스타와 짧은 파스타 중 어떤 것이 더 맛있을까?

긴 파스타에는 단면이 스파게티처럼 둥근 것, 링귀네처럼 납작한 것, 마카로니처럼 구멍이 있는 것, 구멍이 없는 것 등 다양한 종류가 있다. 그중에서도 생면 파스타를 돌돌 말아 칼로 잘라 만드는 칼국수 모양이나 끼따라나 비골리처럼 특유의 도구를 이용해 만드는 지역 전통 파스타들도 있다. 우리나라에서는 스파게티가 가장 보편화한 파스타지만 이탈리아 사람들은 긴 파스타에 비해 짧은 파스타를 즐겨 먹는다. 그 이유는 짧은 파스타는 나선형이거나 구멍이 있는데 구조상 소스가 면에 잘 달라붙어 맛있게 먹을 수 있기 때문이다.

짧은 파스타 정리

① 뇨께띠(Gnocchetti) 20mm : 반죽을 둥글게 빚은 형태의 파스타를 모두 뇨끼(Gnocchi)라고 하며 뇨께띠는 뇨끼보다 더 작다. 삶은 감자와 밀가루를 섞어 반죽해 만드는 감자 뇨끼가 가장 유명하며 그파에 세몰라 가루에 우유를 섞어 끓여서 만든 로마식 뇨끼도 있다.

② 콘킬리에(Conchiglie) 35mm : 가는 줄무늬가 가로로 새겨져 있는 조개 모양 파스타다. 콘킬리에는 아르셀러(Arselle) 또는 로마식 뇨끼(Gnocchi alla Romana)라고도 불린다. 비슷한 모양으로는 아비시나 리가테(Sbissina rigate)와 리스코사(Riscosa)가 있다.

③ 카바텔리(Cavatelli) 20mm : 카바텔리는 풀리아 지역에서 많이 먹는 파스타로 말굽 모양으로 생겼다. 비슷하게 생긴 파스타로는 카바텔루치(Cavatelluci)가 있다.

④ 카바타삐(Cavatappi) : 카바타삐는 '코르크 마개 따기'라는
뜻인데 모양이 코르크 마개를 따는 코일을 닮아 붙은 이
름이다. 푸질리 룽기를 짧게 자른 모양으로 가운데 구멍
이 뚫려 있다. 토마토소스나 라구소스 등과 잘 어울리며
샐러드나 오븐 요리에도 좋다.

⑤ 펜네(Penne) 40mm : 짧은 파스타 중 가장 널리 알려진 펜
네는 양 끝이 사선 모양으로 잘려 있어 마체 펜촉 같다
해서 붙여진 이름이다. 길이나 크기, 줄무늬 유무에 따라
다양한 종류가 있다. 크기가 작은 것은 펜니네(Pennine),
큰 것은 펜노니(Pennoni)라고 하며 줄무늬가 있는 것은 리
가테(Rigate), 없는 것은 리쉐(Lisce)라는 말이 붙는다. 토마
토소스나 라구소스, 제노바식 페스토 등과 잘 어울린다.

⑥ 루오테(Ruote) 20~24mm : 루오테는 '마차 바퀴'라는 뜻
으로 마차 바퀴를 닮아서 붙여진 이름이다. 토마토를 기
본으로 한 가벼운 소스와 잘 어울린다. 만든 지 너무 오
래된 루오테는 부서질 염려가 있으므로 유통기한을 잘
보고 구매하여야 한다. 다양한 색깔로 만들어지는데 일
반적으로 많이 먹는 파스타는 아니다.

⑦ 세다니니(Sedanini) 4mm : 셀러리 줄기를 잘라 놓은 것과
비슷한 모양을 가진 파스타다. 가늘고 가운데 구멍이 있

으며 표면에 굵은 줄무늬가 있다. 크기가 작아서 수프나
파이 형태의 요리에 많이 쓰인다.

면에 관한 에피소드

면에 관한 궁금증

밀은 언제부터 먹기 시작하였을까?

전 세계 식량 중 5분의 1을 차지할 정도로 인류에게 중요한 곡류인 밀은 1만 년 전부터 먹기 시작하였다고 추정된다. 밀의 최초 생산지는 서남아시아로 알려졌으며 이후 유럽과 동아시아로 전파되었다.

국수와 빵이 다른 밀가루로 만들어진다?

밀가루는 단백질의 함량에 따라 강력분(12.5~14%), 중력분(8~10%), 박력분(6~8%)으로 구분한다. 단백질 함량이 높을수록 단단하므로 일반적으로 빵을 만들 때는 강력분을, 면을 만들 때는 중력분을 사용한다.

왜 밀가루를 갈아서 먹었을까?

밀은 다른 곡류와 달리 겉면은 대단히 단단하지만 속은 부드러울 정도로 무르다. 밀의 낟알에는 작은 홈이 패여 있기 때문에 껍질을 제거하기 어렵다. 이 때문에 약간의 수분을 첨가하여 겉면을 촉촉하게 만든 뒤 낟알을 짓이겨 튀어나온 부분만 체에 내려 먹는다. 이러한 이유 때문에 다른 곡류와 달리 밀은 가루를 내어 먹는다. 결과론적이지만 밀은 껍질을 벗겨 먹을 때보다 가루로 만들어 먹을 때 점성과 탄력이 배로 증가한다. 밀가루에 들어있는 단백질 성분 중 글리아딘과 글루테닌은 수분이 더해지면 서로 엉겨 붙어 글루텐이라는 덩어리로 만들어진다. 대부분 곡류의 점도는 전분을 통해 얻어지지만 밀가루의 점도는 단백질이라는 차이가 있다.

면은 얼마나 보관할 수 있는가?

일반적으로 식품의 변질은 미생물에 의한 변질작용 때문이다. 이 미생물들이 번식하기 위한 최적의 환경에는 적절한 수분이 필요한데 수분 활성도가 높은 식품일수록 부패하기 쉽다. 이러한 이유 때문에 밀가루로 만들어낸 면은 건조한 후 다른 식품과 비교하면 장시간 보관이 가능하다.

완벽한 면의 비밀은 소금?

완벽한 면을 만들기 위해서는 세 가지 음식재료가 필요한데 밀가루와 물 그리고 소금이다. 반죽하는 과정에서 소금을 넣으면 글루텐이 활발하게 발생하여 조직을 단단하게 만들고 반죽을 안정되게 한다. 소금 덕분에 반죽은 좀 더 탄력적이고 쫄깃해지며 완성된 면발의 맛에도 좋은 영향을 미친다.

면은 100% 밀가루인가?

결론부터 말하자면 아니다. 면을 만드는 과정에는 소량의 전분을 첨가하게 되는데 이는 완성된 음식에서 면발의 맛을 한층 더 쫄깃하게 해주기 때문이다. 또한 완성된 면발에는 소량의 전분을 뿌려 들러붙는 것을 방지하는데 국수나 칼국수처럼 밀가루 면 요리를 하면 걸쭉한 국물이 생기는 것도 이 때문이다.

국수를 먹고 나면 배가 금방 꺼진다?

흔히들 면 요리를 먹고 나면 '배가 금방 꺼진다'는 표현을 쓴다. 실제로 밥 대신 잔치국수나 칼국수를 먹고 나면 쉽게 배가 고파지는 것을 느끼는데 이에 대한 과학적인 증명은 없다. 과거 우리 선조는 하루에 두 끼만을 먹었는데 '아침(早食)과 저녁(夕食)'으로 구분된다. 아침과 저녁 식사 사이 정오에는 지금의 점심이 아닌 간단한 다과나 분식을 먹었는데 보통 떡이나 국수를 즐겨 먹곤 했다. 이러한 시대적 배경을 바탕으로 '배가 금방 꺼진다'는 표현이 생겨난 것이다.

면을 삶은 방법에 따라 맛이 다르다?

면은 삶은 과정에서 발생하는 글루텐 때문에 맛이 변하게 된다. 그래서 면을 잘 삶아내는 것이 대단히 중요한데 여기에는 몇 가지의 조건이 필요하다. 먼저 다량의 물을 충분히 끓여 준비하고 물이 끓고 난 뒤에 면을 넣어야 한다. 면을 넣은 물이 끓어오르면 찬물을 부어 온도를 내려준 뒤 한 번 더 끓여내며 삶아낸 면은 곧장 찬물에 씻어준다. 이 과정에서 다량의 찬물은 밀가루의 호화(gelatinization, 糊化: 전분을 수중에서 가열하거나 알칼리 용액과 같은 용매로 처리하면 팽창되어 점도가 높은 풀로 변화하는 것)를 멈추고 식감도 매끄럽게 유지해 준다.

달콤한 누들(Noodle) 이야기

영화 〈누들〉

아일레트 메나헤미 감독의 2007년 작품인 〈누들〉은 몬트리올 영화제에서 심사위원 대상을 받으며 떠오른 영화로 배우 밀리 아비탈과 중국인 아역 배우 바오치 첸이 주연을 맡았다. 2000년대 초반 이스라엘의 내부적인 문제를 중국의 배경에서 다루어냈는데 극 중에서 이야기의 전개는 스튜어디스인 '마리'가 비행을 마치고 집으로 돌아온 것에서부터 시작된다. 그녀의 집에서 일하던 중국인 가정부가 자신의 아이를 잠시만 봐달라고 부탁한 것을 흔쾌히 승낙하였지만 가정부는 다시 돌아오지 않았다. 갑작스럽게 아이를 보살펴야 하게 된 마리는 언어도 통하지 않는 상황에서 여러 가지 에피소드를 겪게 된다. 이후 가정부의 신변을 조사하던 중 그녀는 불법체류를 하던 중 중국으로 강제 추방당했다는 사실을 알게 되고 마리는 아이를 다시 중국으로 보내기 위해 노력한다. 항상 집에서 가족과 다툼이 잦았던 마리였지만 아이를 보살피고 중국으로 보내는 과정에서 따뜻한 온기가 흐르게 된다. 극 중에서 감독은 이러한 전체적인 분위기를 한 그릇의 누들로 표방하였으며 말이 통하지는 않지만 누들처럼 끈끈하게 이어진 사랑과 이해심을 잘 표현하였다.

『달콤한 악마가 내 안으로 들어왔다』, 무라카미 류

일본의 베스트셀러 작가인 '무라카미 류'는 일본뿐 아니라 한국에서도 많은 사람에게 인기를 얻고 있는 작가로 『달콤한 악마가 내 안으로 들어왔다』 『368야드 파4 제2타』 『69』 등의 책을 출간했다. 특히 누구보다도 먹는 것을 좋아하는 그의 소설 속에는 달콤한 맛에 관한 표현들이 즐비하다. 그가 유럽을 여행하면서 보고 느낀 것을 바탕으로 쓴 『달콤한 악마가 내 안으로 들어왔다』에서는 호텔에서 맛본 최고의 요리들과 호사스러운 이야기들을 만나볼 수 있다. 무라카미 류는 그의 소설 속에서 요리와 함께 성(性)에 관한 이야기도 자연스럽게 풀어내는데 이는 인간의 본능인 식욕과 또 다른 본능인 성욕을 함께 풀어낸 것이기도 하다. 도덕적으로 풀이해 볼 때 조금은 과하다 싶을 정도의 표현도 있지만 소설 속에서 흥미롭게 양념을 한 그의 이야기는 '역시 무라카미 류'라 할 정도로 탄탄한 스토리를 자랑한다.

"나는 먼저 그녀의 새끼 손가락만한 작은 새우 쩜과 왕새우 튀김과 길다란 삶은 조개를 주문하고, 백포도주 한 병을 비운 다음 그 요리를 주문했다. 일종의 파스타였지만 믿을 수 없을 정도로 손이 많이 간 것이다. 아주 가는 파스타를 토막 낸 것 같은 2~3센티미터 길이의 면이 바닥이 얕은 냄비에 들어 있다. 우선 그 파스타를 크고 작은 새우와 함께 센 불에 볶는다. 그 다음에 조개 아니면 생선 수프를 만들고, 그 수프로 파스타를 삶는다. 삶는다고 하기보다는 거의 볶는 쪽에 가깝다. 물기가 없어지면 새우, 생선의 살과 뼈, 조개를 전부 골라낸다. 맛이 배인 파스타만을 오븐에 넣어 살짝 굽는 것이다. '마치 바다를 먹는 것 같아요'라고 그녀는 말했다."

　　　　　　 － Subject 24. 바다 먹는 여자 / 바다맛 파스타 －

"내게 그 레스토랑을 가르쳐준 중년 여성 편집자는 메뉴 한 구석을 가리키면서 '작가의 스파게티'를 먹어보라고 했다. 작가의 스파게티란 오징어 먹물 소스를 뿌린 스파게티이다. 오징어 먹물이 작가가 즐겨 사용하는 검은 잉크를 상징하는 것이다. 어패류를 사용한 파스타는 무수히 많지만 나는 그 중에서도 오징어 먹물 스파게티를 가장 좋아한다. 그 검은 소스에는 바다의 향기가 가득 배어있는 것 같다."

    -Subject 22. 새카만 똥을 볼 때마다 울음을 참는 남자

            / 오징어 먹물 스파게티-

"세 종류의 파스타가 나왔는데, 그의 말대로 한결같이 맛이 좋았다. 처음에는 잘게 썬 파슬리를 잔뜩 부린 압리오리오, 올리브 오일에 마늘이 녹아 들어 파스타 하나하나가 뜨겁게 젖어 번쩍이고 있었다. 두 번째 접시에는 조금 차갑게 한, 토마토 과육만 넣은 포모도로였다. 세 번째는 고르곤졸라, 머리카락처럼 가느다란 파스타라는 의미라고 하는데 블루치즈와 엉겨있다. 세 종류의 파스타는 콧구멍을 살살 간질여서 관능적인 연상을 불러일으킨다."

    - 훈기 포리티니, 헤픈 여자를 좋아하는 이유 -

김영삼 대통령과 칼국수

청와대 오찬에서 회의에 참석한 고위관료들에게 칼국수를 대접했을 정도로 김영삼 전 대통령의 칼국수 사랑은 익히 알려진 사실이다. 김영삼 전 대통령은 현직에 있을 당시 '소호정'이라는 칼국수 집을 즐겨 찾았는데 이곳에서 칼국수를 만들던 할머니를 청와대로 초빙하기도 하였다. 일명 'YS 칼국수 할머니'로 불리는 김남숙 여사는 1984년 '안동 국시(현 소호정)'를 압구정동에 오픈하였다. 이후 경상도식 칼국수를 만들기 시작한 그녀의 칼국수 맛은 많은 사람에게 인기를 얻게 되었고 이

후 김영삼 대통령도 찾게 된 것이다. 김남숙 여사는 3개월 동안 청와대에 들어가 칼국수 제조 과정에 대한 일체를 전수하였으며 이후 청와대의 공식 행사 때는 칼국수를 만들어 내기도 하였다.

우리나라 사람들이 칼국수를 즐겨 찾게 된 이유는 박정희 전 대통령의 역할이 크다. 그 당시 쌀이 부족하여 식량난을 겪던 사람들에게 도움을 주기 위해 1969년, 박정희 전 대통령은 매주 수요일과 토요일을 '분식의 날'로 지정하였다. 이후 수많은 캠페인과 이벤트 등을 통해 혼·분식을 장려하였고 이 덕분에 전국의 모든 식당에서 양일에 걸쳐 분식을 팔게 되었다. 특히 박정희 전 대통령도 집에서 육영수 여사가 만들어주는 칼국수를 즐겨 먹는다고 보도되었으며 많은 언론에서도 칼국수에 관한 레시피와 영양학적으로 긍정적인 기사를 내기도 하였다. 이러한 정책으로 이후 쉽고 빠르게 만들 수 있는 칼국수는 우리네 가정식 요리에서 빼놓을 수 없는 음식이 되었고 수많은 칼국수 식당들이 생겨났다.

파스타를 고도의 기하학으로 표현해 내다

파스타는 그 맛과 단단하게 조리된 질감 때문에 많은 사람의 사랑을 받는다. 네덜란드 트웬트 대학교(Twente University) 물리학과 대학원생인 샌더 후스맨은 이러한 파스타에 대한 궁금증을 과학적으로 풀이해 냈다. 그는 '매스매티카(Mathematica)'라는 프로그램을 사용하여 복잡한 수학문제를 푼 뒤 그 답을 그

림으로 설명했다. 자신이 먹어왔던 파스타를 비롯해 십여 종의 파스타들의 모양을 분석한 뒤 각각의 특징을 요약하여 컴퓨터 코드로 전환해 낸 것이다. 이를 통해 그는 '수학적 파스타'라는 제목으로 그의 블로그에 글을 올리게 되었고 이후 많은 반응을 이끌어 냈다.

후스맨과 더불어 파스타를 수학적인 방식으로 분석해 낸 또 다른 사람이 있다. 샌디에이고의 캘리포니아대학(University of California)에서 벡터 수학(vector calculus) 강의 조교였던 크리스토퍼 티 역시 파스타 모양에 알맞은 수학공식을 찾는 문제를 학생들에게 내주곤 했다.

런던에서 활동하는 건축가인 마르코 간이어리와 조지 레젠더는 2011년 9월 출간한 『Pasta by Design』에서 디자인에 수학적인 요리법을 결합해냈다. 이들은 파스타를 먹는 과정에서 비슷한 영감을 얻었고 이를 그들의 건축학적인 방식으로 풀어냈다. 이 책은 90여 종의 파스타를 다양한 목록으로 정리하였으며 각각의 파스타들이 가지고 있는 공식과 이를 토대로 만들어진 레시피를 담고 있다. 특히 레젠더는 삼각형 모양의 파스타인 'trenne'를 '괴짜(freak)'로 불렀는데 "이 파스타는 모든 것이 평평한 우주입니다. 그리고 누군가 서 있는 그 우주는 매우 지루한데 마치 trenne의 모습과 같죠"라고 하였다. 그는 심지어 새로운 모습의 파스타를 디자인하기도 하였는데 나선형으로 층층이 쌓은 튜브 모양의 파스타를 자신의 딸 이름을 따서 'ioli'라 칭하기도 하였다.

면이 먼저? 스프가 먼저? 라면 맛의 비밀

늦은 저녁, 야식으로 라면만한 음식이 없다. 옆 사람이 '후루룩' 소리를 내며 꼬들꼬들한 면발과 얼큰한 국물을 곁들여 먹는 모습만 보더라도 한 젓가락 하고 싶어지는 것은 당연지사다. 특히 추운 겨울철 스키장이나 캠프장에서 맛보는 라면의 맛은 상상만으로도 입맛을 자극한다. 해외 여행객들도 빼놓지 않고 챙겨가는 것이 바로 라면이니 한국 사람들의 라면 사랑은 그야말로 대단하다.

수많은 사람이 라면을 끓이면서 저마다의 방법을 가지고 있지만 그 누구도 명쾌한 해답을 내어놓지는 않는 듯하다. 라면의 꼬들꼬들함이 그대로 살아있는, 그러면서도 얼큰한 국물은 마지막까지 맛볼 수 있게 끓여내는 것이 맛있는 라면이다. 일부 과학적인 이론을 바탕으로 주장하는 사람들은 스프를 먼저 넣고 끓여야 라면 맛이 더 좋다고 한다. 이는 스프 속의 염분 때문인데 스프를 넣고 끓이면 끓는점이 100도보다 높이 올라가기 때문에 면을 좀 더 쫄깃하게 끓여 낼 수 있다는 것이다. 또한 스프의 맛이 먼저 물에 우러나온 뒤 면을 끓여야 면발에 스프의 맛이 적절하게 스며들어 간다고 주장한다. 하지만 일부에서는 스프를 먼저 넣고 끓이면 물이 먼저 증발하여 전체적인 라면의 맛이 짜게 된다고 반박한다. 일부에서는 라면을 끓이는 동안 면발을 들어 올려 공기와 접촉해야 한다고 하는데 이는 면이 순간적으로 수축하여 면발이 쫄깃해지는 효과를 얻기 위함이다.

대부분 라면 회사는 일반적인 가정에서 사용하는 가스레인지의 화력을 고려하여 레시피를 개발해 내었고 이를 토대로 라면의 뒷부분에는 '면과 스프를 동시에 넣으세요'라고 기재해 놓았다. 실제 라면을 맛있게 끓이는 방법은 면과 스프의 선후관계보다 조리시간과 물의 양에 초점을 맞춰야 한다는 것이 옳다. 라면에 넣는 물의 양은 전체적인 라면의 맛을 좌우하고 이는 면에도 영향을 끼친다. 예를 들어 물이 많으면 끓는 시간이 오래 걸리므로 면발이 쫄깃함을 잃을 확률이 높다. 결국 맛있는 라면을 먹기 위해서라면 정확한 물량과 시간을 지켜야 한다는 것을 알 수 있다.

테니스의 황제 조코비치, 밀가루를 끊고 정상 탈환?

　2012년, 호주 멜버른에서 열린 호주 오픈 테니스 대회 남자 단식 결승에서 만난 노바크 조코비치와 라파엘 나달의 경기는 그야말로 명승부를 연출했다. 세계 랭킹 1위와 2위의 대결은 5시간 53분간의 혈투로 이어졌으며 두 선수는 인간의 한계를 넘어서며 정상을 향해 돌진했다. 굵은 땀방울은 쉴 새 없이 흘러내렸으며 서브를 한 뒤 코트 위에 뒹굴기도 했지만 마지막까지 버텨냈다. 이 경기는 테니스 역사상 가장 인상 깊었던 승부를 연출했다. 사실 조코비치는 준결승에서도 무려 4시간 45분의 경기를 치른 뒤 하루만 쉰 채 다시 지옥과 같은 힘든 싸움을 펼쳤던 것이다. 결국 모든 경기가 마무리되고 조코비치가 승자가 되었지만 시상식에도 오르지 못할 만큼 자신의 모든 것을 쏟아낸 경기였다.

조코비치는 어떻게 이러한 괴력을 만들어 내었던 것일까? 많은 전문가는 그의 식단을 살펴보았다. 조코비치는 2010년 7월 자신의 식단을 관리하는 영양사를 고용했다. 이전까지의 그의 식단을 살펴보던 영양사는 조코비치에게 '글루텐 알레르기'가 있던 것을 발견한다. 글루텐 알레르기란 불용성 단백질의 집합체인 글루텐을 소화할 수 없는 현상으로 기름기 섞인 설사를 유발하거나 심한 경우 빈혈까지 겪을 수 있어 단번에 힘을 모아야 하는 테니스 운동선수에게는 치명적인 현상이었다. 이를 분석한 조코비치의 영양사는 그의 식단을 대대적으로 수정한다.

이후 조코비치는 피자나 파스타 등 밀가루가 많이 들어간 음식들을 끊었고 신선한 과일이나 닭 가슴살, 우유 등으로 체력을 관리하였다. 변화된 식단으로 188㎝에 80㎏을 유지하였고 이후 조코비치는 몸무게가 줄긴 했지만 움직임이 날카로워져 신체적인 컨디션이 더욱 상승하는 효과를 얻었다. 그 덕분에 최근 나달과 승부를 겨룬 7번의 경기에서 모두 승리를 거머쥘 수 있었다.

이처럼 글루텐 알레르기를 '밀가루 알레르기'와 동일시하는 것은 잘못된 오해다. 밀가루의 천연 단백질인 글루텐에 알레르기 반응을 한다는 것이기 때문이다. 글루텐은 밀가루뿐만 아니라 다양한 식품들과 곡물에도 포함되어 있으며 이러한 식품을 섭취한 뒤에도 동일한 현상을 유발할 수 있다.

수입 밀가루는 몸에 해로운 것일까?

일반적인 속설로 수입하는 하얀색 밀가루는 몸에 해로운 농약을 포함하기 때문에 건강에 좋지 않은 영향을 준다고 알려졌다. 하지만 이는 단지 밀가루에만 해당하지 않는다. 해외에서 반입되는 대부분 농산물에는 부패와 위생의 문제를 해결하고자 다량의 농약이나 표백제가 첨가된다. 사람들은 이렇게 보관-운반된 농산물에 대해 좋지 않은 이미지를 가지고 있으며 이를 전량 해외에서 수입하는 밀가루를 떠올리며 동일시하는 것이다.

국내에서 유통되는 밀가루의 95% 이상이 해외에서 수입되는 것은 사실이다. 하지만 해외에서 밀을 수입한 뒤 국내 제분회사에서 가공을 하므로 우려하는 것과 같은 다량의 농약과 방부제는 첨가되지 않는다. 밀 자체에 포함된 농약도 보관하는 과정에서 기화되어 밀가루 자체에는 잔류하지 않는다고 보아도 무방하다.

영양학적으로 분석해 보아도 수입 밀과 국산 밀의 차이는 없다. 미국과 캐나다에서는 오랜 시간 연구를 통해 다양한 종류의 밀 품종을 개발해 내었고, 이는 음식에 맞는 밀을 제공할 수 있는 장점이 된다. 몇 년 전까지만 하더라도 수입 밀과 국산 밀 사이에 단백질 함유량의 차이가 있었지만 이제는 영양학적으로 차이가 없다고 보아도 무방하다. 일부에서는 하얀색 밀가루와 갈색의 밀가루를 비교하기도 하지만 이는 제분과정에서의 기술력 차이일 뿐이다. 과거 밀을 제분하는 기술이 미흡했던 시절, 겉껍질이 다량 포함되어 밀가루의 색이 갈색 빛을 띠었던 것이다. 이후 기술력이 향상하면서 하얀색의 밀가루를 만들어 내게 되었고 많은 사람 역시 하얀색 밀가루를 좀 더 선호하였다. 2000년대 들어 웰빙 바람이 불면서 통밀을 찾는 사람들이 증가함에 따라 갈색 밀가루가 다시 등장하기도 하였다. 통밀로 만들어낸 제품들은 밀가루 특유의 담백한 맛을 느낄 수 있지만 찰기와 거친 맛 때문에 밀가루 음식의 매력을 떨어뜨린다는 단점을 지니고 있기도 하다.

부산의 명물, 구포 국수

2011년 부산시 북구는 3개월간 사업비 2,000만 원을 들여 구포 국수를 향토 지식재산으로 브랜드화하는 사업을 진행하였다. 이는 구포 국수를 부산의 향토음식으로 인정하는 것과 동시에 부산을 찾는 관광객에게도 홍보하기 위함이었다.

구포와 국수의 관계는 구포가 위치한 지역과 관계가 있다. 부산에 있는 구포는 낙동강의 하류와 바다가 만나는 곳에 위치한다. 이곳은 조선 시대 3대 나루터 중 하나인 감동진 나루가 있을 정도로 예로부터 물류의 기점 역할을 하였다. 이곳에는 항시 조운을 위한 선박과 선원들이 북새통을 이루곤 했는데 그들 덕분에 구포 국수의 인기도 올라갔다. 장이 서는 날이면 구포 국수는 소위 말하는 '없어서 못 판다'는 표현을 사용할 정도로 인기 상품이 되었고, 국수를 말리는 과정에서 강과 바다에서 불어오는 짭조름한 맛이 스며들어 다른 지역의 국수 맛과 차별화되는 맛을 지니게 되었다. 1960~1970년대 시절 국수는 서민들의 식생활에서 대단히 중요한 부분을 차지했다. 사람들은 주린 배를 채우기 위해 밥 대신 국수를 먹기 일쑤였다. 그 당시 구포장 인근 지역에서는 온 동네가 모두 국수를 말렸을 정도로 구포 사람들의 명물이 되었고, 이러한 입소문이 다른 지역 사람들에게도 전해져 구포를 대표하는 먹거리로 자리 잡았다.

참고문헌

한복진, 『우리 생활 100년 – 음식』, 현암사, 2001.

주영하, 『그림 속의 음식, 음식 속의 역사』, 사계절출판사, 2005.

주영하, 『차폰 잔폰 짬뽕』, 사계절출판사, 2009.

황교익, 『한국음식문화박물지』, 따비출판사, 2011.

김지순, 『제주도 음식』, 대원사 1998.

『규곤시의방(閨壺是議方)』.

『주방문(酒方文)』.

이석만, 『간편조선요리제법(簡便朝鮮料理製法)』, 三文社, 1934.

이용기, 『조선무쌍신식요리제법(朝鮮無雙新式料理製法)』, 永昌書館
    1943.

『계곡집(谿谷集)』.

『규곤요람(閨壺要覽)』.

『동국세시기(東國歲時記)』.

『임원경제지(林園經濟志)』.

『재물보(才物譜)』.

『진찬의궤(進饌儀軌)』.

金浪雲, '冷麵', 1929.

『별건곤(別乾坤) 4-7』, 景仁文化社, 1929.

『한국 민족 문화 대백과사전』.

황교익, '팔도 식후경', 네이버 캐스트.

면(麵) 이야기

펴낸날	초판 1쇄 2012년 9월 20일
	초판 2쇄 2014년 11월 5일

지은이	**김한송**
펴낸이	**심만수**
펴낸곳	**(주)살림출판사**
출판등록	1989년 11월 1일 제9-210호

주소	**경기도 파주시 광인사길 30**
전화	**031-955-1350** 팩스 **031-624-1356**
기획 · 편집	**031-955-4671**
홈페이지	**http://www.sallimbooks.com**
이메일	**book@sallimbooks.com**

ISBN	**978-89-522-1946-6** **04080**

122 모든 것을 고객중심으로 바꿔라 `eBook`

안상헌(국민연금관리공단 CS Leader)

고객중심의 서비스전략을 일상의 모든 부분에 적용해야 한다는 가르침을 주는 책. 나 이외의 모든 사람을 고객으로 보고 서비스가 살아야 우리도 산다는 평범한 진리의 힘을 느끼게 해 준다. 피뢰침의 원칙, 책임공감의 원칙, 감정통제의 원칙, 언어절제의 원칙, 역지사지의 원칙이 사람을 상대하는 5가지 기본 원칙으로 제시된다.

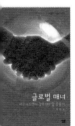

233 글로벌 매너

박한표(대전와인아카데미 원장)

매너는 에티켓과는 다르다. 에티켓이 인간관계를 원활하게 해주는 사회적 불문율로서의 규칙이라면, 매너는 일상생활 속에 에티켓을 적용하는 방식을 말한다. 삶을 잘 사는 방법인 매너의 의미를 설명하고, 글로벌 시대에 우리가 기본적으로 갖추어야 할 국제매너를 구체적으로 소개한 책. 삶의 예술이자 경쟁력인 매너의 핵심 내용을 소개한다.

350 스티브 잡스 `eBook`

김상훈(동아일보 기자)

스티브 잡스는 시기심과 자기과시, 성공에의 욕망으로 똘똘 뭉친 불완전한 사람이었다. 하지만 동시에 강철 같은 의지로 자신의 불완전함을 극복하고 사회에 가치 있는 일을 하고자 노력했던 위대한 정신의 소유자이기도 하다. 이 책은 스티브 잡스의 삶을 통해 불완전한 우리 자신에 내재된 위대한 본성을 찾아내고자 한다.

352 워렌 버핏 `eBook`

이민주(한국투자연구소 버핏연구소 소장)

'오마하의 현인'이라고 불리는 워렌 버핏. 그는 일찌감치 자신의 투자 기준을 마련한 후, 금융 일번지 월스트리트가 아닌 자신의 고향 오마하로 와서 본격적인 투자사업을 시작한다. 그의 성공은 성공하는 투자의 출발점은 결국 자기 자신이라는 점을 보여 준다. 워렌 버핏의 삶을 통해 세계 최고의 부자는 어떻게 만들어지는가를 살펴보자.

145 패션과 명품

이재진(패션 칼럼니스

패션 산업과 명품에 대한 이해를 돕는 책. 샤넬, 크리스찬 디올, 르마니, 베르사체, 버버리, 휴고보스 등 브랜드의 탄생 배경과 품으로 불리는 까닭을 알려 준다. 이 밖에도 이 책은 사람들이 품을 찾는 심리는 무엇인지, 유명 브랜드들이 어떤 컨셉과 마케 전략을 취하는지 등을 살펴본다.

eBook

434 치즈 이야기

박승용(천안연암대 축산계열 교

우리 식문화 속에 다채롭게 자리 잡고 있는 치즈를 여러 각도에 살펴 본 작은 '치즈 사전'이다. 치즈를 고르고 먹는 데 필요한 이 자기의 상식에서부터 나라별 대표 치즈 소개, 치즈에 대한 오히 진실, 와인에 어울리는 치즈 선별법까지, 치즈를 이해하는 데 필 한 지식과 정보가 골고루 녹아들었다.

eBook

435 면 이야기

김한송(요리

면(국수)은 세계 각국으로 퍼져 나가면서 제각기 다른 형태로 리법이 바뀌고 각 지역 특유의 색깔이 결합하면서 독특한 문화 태로 발전했다. 칼국수를 사랑한 대통령에서부터 파스타의 기 학까지, 크고 작은 에피소드에 귀 기울이는 동안 독자들은 면의 다른 매력을 발견할 수 있을 것이다.

eBook

436 막걸리 이야기

정은숙(기행적

우리 땅 곳곳의 유명 막걸리 양조장과 대폿집을 순례하며 그곳 풍경과 냄새, 무엇보다 막걸리를 만들고 내오는 이들의 정(情) 담아내기 위해 애쓴 흔적이 역력하다. 효모 연구가의 단단한 손 에서 만들어지는 막걸리에서부터 대통령이 애호했던 막걸리, 역 토박이 부부가 휘휘 저어 건네는 순박한 막걸리까지, 또 여기 막걸리 제조법과 변천사, 대폿집의 역사까지 아우르고 있다.

253 프랑스 미식 기행　　eBook

심순철(식품영양학과 강사)

프랑스의 각 지방 음식을 소개하면서 거기에 얽힌 역사적인 사실과 문화적인 배경을 재미있게 소개하고 있다. 누가 읽어도 프랑스 음식문화에 대해 어느 정도 이해할 수 있도록 복잡하지 않게, 이야기하듯 쓰인 것이 장점이다. 프랑스로 미식 여행을 떠나고자 하는 이에게 맛과 멋과 향이 어우러진 프랑스의 역사와 문화를 소개하는 책.

132 색의 유혹 색채심리와 컬러 마케팅　　eBook

오수연(한국마케팅연구원 연구원)

색이 인간에게 미치는 영향과 이를 이용한 컬러 마케팅이 어떤 기법으로 발전했는가를 보여 준다. 색은 생리적 또는 심리적 면에서 사람들에게 많은 영향을 미친다. 컬러가 제품을 파는 시대'의 마케팅에서 주로 사용되는 6가지 대표색을 중심으로 컬러의 트렌드를 읽어 색이 가지는 이미지의 변화를 소개한다.

447 브랜드를 알면 자동차가 보인다

김흥식('오토헤럴드' 편집장)

세계의 자동차 브랜드가 그 가치를 지니기까지의 역사, 그리고 이를 위해 땀 흘린 장인들에 관한 이야기. 무명의 자동차 레이서가 세계 최고의 자동차 브랜드를 일궈내고, 어머니를 향한 아들의 효심이 최강의 경쟁력을 자랑하는 자동차 브랜드로 이어지기까지의 짧지 않은 역사가 우리 눈에 익숙한 엠블럼과 함께 명쾌하게 정리됐다.

449 알고 쓰는 화장품　　eBook

구희연(3020안티에이징연구소 이사)

화장품을 고르는 당신의 기준은 무엇인가? 우리는 음식을 고르듯 화장품 선택에 꼼꼼한 편인가? 이 책은 화장품 성분을 파악하는 법부터 화장품의 궁합까지 단순한 화장품 선별 가이드로써의 역할이 아니라 궁극적으로 당신의 '아름답고 건강한 피부'를 만들기 위한 지침서다.

eBook 표시가 되어있는 도서는 전자책으로 구매가 가능합니다.

㈜살림출판사
www.sallimbooks.com
주소 경기도 파주시 문발동 522-1 | 전화 031-955-1350 | 팩스 031-955-1355